储才论史

陈永谱 杨立法

上海教育出版社

图书在版编目（CIP）数据

储才论史 / 陈永谱主编；杨立法编著. — 上海：上海教育出版社，2024.5
ISBN 978-7-5720-2651-5

Ⅰ. ①储… Ⅱ. ①陈… ②杨… Ⅲ. ①世界史 - 文集 Ⅳ. ①K107-53

中国国家版本馆CIP数据核字(2024)第084541号

责任编辑 朱剑茂 顾 翊
封面设计 周 亚

储才论史
陈永谱 杨立法 编著

出版发行 上海教育出版社有限公司
官　　网 www.seph.com.cn
地　　址 上海市闵行区号景路159弄C座
邮　　编 201101
印　　刷 上海盛通时代印刷有限公司
开　　本 700×1000 1/16 印张 13
字　　数 206 千字
版　　次 2024年5月第1版
印　　次 2024年5月第1次印刷
书　　号 ISBN 978-7-5720-2651-5/Z·0005
定　　价 65.00 元

如发现质量问题，读者可向本社调换 电话：021-64373213

目　　录

史料的“选”与“用”在任务单教学中的实践研究

肖　虹

一、研究的背景与意义

（一）问题的提出

1. 基于两个变化。2014 年浙江省开始实施高考改革新方案，其中明确提出实行统一高考和高中学业水平考试相结合的方式，这在高考招生考试改革中是一次重大的变革；2015 年 10 月出炉的《普通高中历史课程标准（修订版）》，以及 2016 年的最终版，都突出了历史学科的专业化和历史学科特质，特别强调历史课程要以培养和提高学生的历史学科核心素养为核心。

2. 源于两种需求。学生要“有效地学”：学习的关键在于思考，而推动思考的是一些具体的任务。教师要“有效地教”：参与课程标准修订的何成刚研究员指出，史料教学是提升历史核心素养的根本教学方法。

3. 迫于两个困境。笔者 2016 年任教高二，在安排复习计划时，遇到了两大难题：首先是缺乏与新高考以及新标准相适应的复习资料；其次是学生在该年 10 月参加第一次考试，复习时间比以前缩短了 4—6 个月，而复习内容增加了两个模块。

（二）研究的基础和现实意义

基于以上现实，我们的复习模式也应进行适应性调整，从复习的进度安排到难度把握再到资料选用等都不能再沿用之前的经验。调整的核心要求是要省时高效，结合此前我校教研组的“有效学习”课堂变革优秀试点项目，笔者决定在高二选考复习中引入任务单模式，并且将如何筛选和使用史料作为此次任务单教学实践研究的突破口,既是针对第一次新高考复习模式的尝试,也是对“有效学习”课堂变革项目的深入拓展。

二、有关概念的界定

1. 任务单复习教学

学习任务单是学习支架的主要形态,它具有支架的功能。它是教师依据学情,为达成学习目标而设计的学习活动的载体。它是激发全体学生的学习积极性,引导他们自主参与,通过各种形式的学习活动,在教师的帮助下,在达成学习目标的过程中,提高学习兴趣,掌握学习方法,养成学习习惯,提升学习能力的媒介。

2015 年底,笔者所在历史组的“基于学情的高中历史课堂‘学习任务单’设计与运用”作为全市唯一的历史学科项目被评为温州市第二批“有效学习”课堂变革优秀试点项目。我们以任务单为依托,通过课前、课中和课后任务串的设置,更加明确了教与学的目标,更好地培养了学生的学习能力,较为明显地提高了课堂效率。为了将这个项目深入推广,本教研组把对任务单教学的实践研究从新课引入到学考以及选考复习当中,期望能提高复习课的课堂效率。

2. 史料教学

梁启超在《中国历史研究法》中提到:“史料,为史之组织细胞。”它是再现历史的基本素材和依据,也是历史教学的基础,历史的无穷魅力也在于它包含了大量丰富的史料和内涵。离开了史料,历史知识就成了无本之木。近年来,随着新课程理念和教材的日益推广,高中历史试题更加重视对材料处理能力的考查,以各种材料为载体的高考试题不断增加,史料在高中历史教学中的运用也越来越普遍,史料的选取与运用的有效性也就备受关注。

3. 历史学科核心素养

新一轮高中课程改革最重要的部分,是提出了以培养和提高学生历史学科核心素养为核心的课程与教学的新理念。历史学科核心素养是学生在学习历史过程中逐步形成的具有历史学科特征的必备品格和关键能力,是历史知识、能力和方法、情感态度和价值观等方面的综合表现。主要包括唯物史观、时空观念、史料实证、历史解释和家国情怀五个方面。

唯物史观是揭示人类社会历史客观基础及发展规律的科学历史观和方法论;时空观念是指对事物与特定时间及空间的联系进行观察、分析的观念;史料实证是指对获取的史料进行辨析,并运用可信的史料努力重现历史真实的态度与方法;历史解释是指以史料为依据,以历史理解为基础,对历史事物进行理性分析和客观评判的态度、能力与方法;家国情怀是学习和探究历史应具有的社会责任与人文追求。

三、研究的目标与内容

(一) 研究的目标

本次实践研究以任务单为载体,以提高课堂复习效率、提升学生历史学科核心素养为核心,以史料的筛选与使用为突破口,以此来顺应新高考与高中历史课程标准的变化,解决当前复习资料缺乏、复习时间紧张的困境,满足学生“有效地学”与教师“有效地教”的需求,从而推进我校历史组的课堂变革研究,探索形成适合我校的史料教学与任务单相结合的选考复习教学基本模式。

(二) 研究的内容

根据我校高二、高三学生的学情,以教师集体备课与主题观课评课为研究途径,在学选考复习任务单的设置中,研究如何筛选史料,包括史料的类型、史料的来源、筛选的原则,从而做到“选的得法”;探索如何将史料的运用与任务的设置有机结合,包括用的时机、用的形式、用的作用,从而做到“用的有效”。

四、研究与实践过程

本研究自 2016 年 3 月开始至 2017 年 9 月止,即从高二下到高三复习教学中同步探索研究,结合学生最终的实际效果总结反思任务单教学中史料的“选”与“用”的有效策略。

主要历程概括如下：

阶段	时间	研究内容	实践活动	研究方法
准备阶段	2016.3—4	1. 理论学习:《浙江省深化高校考试招生制度综合改革试点方案》《普通高中历史课程标准(修订版)》 2. 制定课题项目研究方案	1. 组内教师交流“有效学习”课堂变革项目的经验与反思,发表对其深入研究的设想 2. 开展高二学生历史学习学情的摸底与调查,做好初始情况的留底工作	行动研究法,个案追踪法
初步实施	2016.5—7	1. 相关史料筛选和运用的理论学习和资料借鉴 2. 开展史料的筛选与使用任务单设计研究	1. 开展课堂观察,针对任务单复习教学中史料“选”与“用”的效果进行听评课和教师调研活动 2. 整理活动资料,收集学生反馈	行动研究法,课堂观察法
改进提升	2016.9—2017.4	1. 开展任务单设计中史料选择和运用的阶段性调整与改进 2. 撰写项目研修论文或课例、案例	1. 收集项目有关的材料 2. 对学生发展情况进行总体和个体分析	行动研究法,案例研究法
评价总结	2017.5—9	1. 开展基于史料的“选”与“用”在任务单教学中的实践研究的进一步反思 2. 撰写学年研究成果报告	1. 整理项目有关的所有材料 2. 展示交流研修成果	“行动中反思”与“对行动进行反思”相结合

五、主要研究成果

（一）任务单中史料的筛选模式构建

本课题组认识到原有任务单教学更多地停留在形式上，还是在梳理知识框架，因此决定通过典型、适量的史料引入，提升复习效率。在一年多的实践与反思中，逐渐形成了关于筛选史料的一些认识。

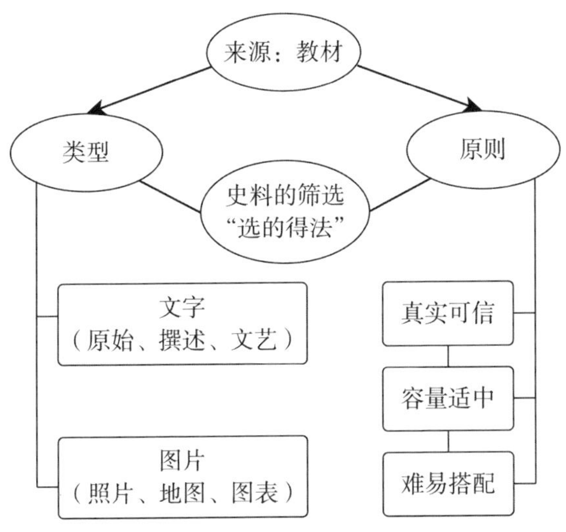

1. 史料的来源——“蓦然回首，那人却在灯火阑珊处”

笔者在多年的学考及高考带班中发现，教师的“教”和学生的“学”都存在误区。教师的教学要么是迷信探究性教学，沉迷于课外资料的搜求，课外史料至上，使得教材虚无，因为只重视资料的占有而并非理性培养学生的研究力，从而加重了学生的学习负担；要么固守知识框架体系建构的传统套路，因为框架结构只是主干知识的粗线条罗列，使教学沿袭灌输式教学的旧法，学生能力低下，也就不能适应高考的要求。学生也不清楚该如何复习，往往将课本抛在一边，全部依赖一些买来的资料，更有甚者借口时间来不及就以做题目代替复习。

要纠正“低效地教”与“低效地学”的误区，提高复习的质量，教师就要引导学生重视教材，回归课本。同时也要精选适当的史料增强对教材知识的理解，形成学生对教材的研究性学习习惯，从而提高学生的历史素养与应试能力。

国内史料教学研究的先驱首都师范大学叶小兵教授认为，“史料教学不仅是对历史教学内容的补充,而且还有利于促进学生对历史的理解”;南京师范大学刘军教授在《历史教学的新视野》一书中提到“要创造性地利用教科书”。而在新课程下,历史教科书非常注重史料的提供,为此设置了非常多的栏目,如知识链接、学思之窗等。近几年浙江高考所体现出的“新基础观”——教材中编写进去的史料都属于基础知识的范畴,与主干知识构成浑然一体的基础系统。蓦然回首,原来教师无须舍近求远,与其花费大量时间和精力去搜罗课外史料,不如就近把手中的教材史料用好用足。

教材史料就是历史教材中穿插的可以为“研究某一历史事件或历史结论”时提供根据、帮助理解、发散思维的史学资料。它们都是经过精心选择,与基础知识关系密切,信息丰富、视角广阔的材料,具有便捷性、科学性、典型性、权威性、深刻性的特点。因此,在任务单设置中,我们就将教材史料作为首选,将教材史料的作用最大化。

2. 史料的类型——“等闲识得东风面,万紫千红总是春”

高中历史教材中的史料可谓丰富多彩,从类型上可以分为两大类,即文字史料和图片史料。

(1)文字史料。文字史料就是用文字记载的历史资料。它包括以下三种史料:①原始史料。包括文件、日记、报告、笔记、回忆录等。如人民版教材《历史必修Ⅰ》第130页的一段重要史料:“第九条　参议院得组成最高法院,以审判共和国总统或部长及审理危害国家安全案。”该史料出自《法兰西第三共和国宪法》。②撰述史料。这类史料主要出自各种著作、典籍。如人民版教材《历史必修Ⅰ》第6页的一段重要史料:“武王克商,光有天下,其兄弟之国者十有五人,姬姓之国者四十人。”该史料出自《左传·昭公二十八年》。③文学史料。此种史料是指用诗歌、小说、戏剧、民谣等文学体裁反映历史的材料。如人民版教材《历史必修Ⅲ》第105页薄伽丘的《十日谈》:“我们人类的骨肉都是用同样的物质造成的,我们的灵魂都是天主赐给的,具备着同等的机能和一样的效用。我们人类是天生一律平等的,只有品德才是区分人类的标准,那发挥大才大德的才当得起一个‘贵’;否则就只能算是‘贱’。”

(2)图片史料。它是将实物等不能变为文字的材料,用图片形式反映的史料。教材中的图片甚多,有文物、古迹、照片、历史地图、数据图表、漫画等。如人民版教材《历史必修Ⅰ》甲午战争形势图；人民版教材《历史必修Ⅱ》清乾隆十九年江浙盐运使司发给黔县商人的运销执照；图片“文化大革命”时期的流行装扮——剪短发、戴军帽、手捧语录本；图表《1913—1925 年俄国/苏俄/苏联的农业生产情况》和《1913—1925 年俄国/苏俄/苏联的工业生产情况》等。

新课程下的历史教材非常注重史料的提供，从分布上看，必修教材中在知识链接、资料卡片、学思之窗、自我测评、材料阅读与思考等栏目中提供了丰富的史料；选修教材设置了名词解释、探究的主要问题、重要概念、历史纵横、资料回放、学思之窗、学习延伸等栏目进行史料的补充。

笔者在不断的任务单设置实践中，对教材史料的选择越来越全面和典型，兼顾到不同的类型，不仅是文字史料，也用到了很多相关地图、照片；也兼顾到不同的栏目，不仅是知识链接，也包括学习延伸中的阅读与思考等。

3. 筛选的原则——“问渠那得清如许，为有源头活水来”

（1）真实可信。梁启超先生曾云：“史料为史之组织细胞，史料不具或不确，则无复史可言。”就算是相对权威、科学的教材史料也不可迷信，不加考证而直接选用。笔者在选用教材史料的过程中发现，教材史料也有少许出错的地方。比如人民版教材《历史必修Ⅲ》第 28 页左上书影图，下面配的文字说明是《抱朴子・仙药》中说的“火药”。图中分明画的是两种火药武器，文字中明确出现的是“蒺藜大球”，经笔者查证，此书应为《武经总要》，是编者文字与配图不对应。再如，人教版教材《世界文化遗产》第 38 页图片《雅典学院》，编者将此图放在“西斯廷小教堂”一目的醒目位置，按常理会认为这是西斯廷小教堂当中代表性的壁画，可是教材又明确说教堂很小，其中最有名的是米开朗琪罗的两幅壁画。仔细看教材会发现，在 39 页“历史纵横”中提到“1508 年教皇召拉斐尔为他的签字厅进行装饰，拉斐尔创作了四幅大型壁画，其中最著名的是《雅典学院》”，查找其他资料也证实是在教皇宫的签字厅中。可惜在 2016 年 10 月浙江省选考历史试卷第 34 题加试题中仍然说西斯廷小教堂的两幅壁画是《雅典学院》和《创世纪》。

因此，我们在选用教材史料之前，应该抱着小心求证的态度，甄别史料的可信度，尤其注意引文不全或引文出处有误等容易出错的地方。

（2）容量适中。教材史料的运用对学选考复习来说，确实是既可立足基础又能增强知识理解的有效方法，但也不能一味做加法，求多求全。教材史料的选取与任务单任务的设置都应适可而止，否则就会加重学生的负担，淡化课堂的效果。在这一轮的实施验证中，我们感觉到一节课选取3—4组教材史料，设置3—4个任务，可以将问题解决得更为从容和深入。比如，笔者执教《现代中国的对外关系》学考复习公开课，选取和整合了教材中的四组史料，设置了四个任务：①选取教材中的七幅外交场景图片，设置时间排序任务；②整合改编教材中对日内瓦会议和亚非会议的描述，设置任务判断两段描述分别是什么事件，并对其内容、特点及中国代表团的作用进行比较；③选取教材中有关中美公报的一段内容，设置任务辨析史料出自《联合公报》还是《建交公报》；④整合教材中70年代外交历程，展示教材91页"知识链接"——中华人民共和国第三次建交热潮，设置任务论证为何中美关系的缓和是70年代对外关系的关键一环。

（3）难易搭配。"一张一弛，文武之道也。"在教材史料的选取上还要注意难易搭配：都是简单的史料，简单的任务，学生会觉得毫无挑战；都是难的史料，难的任务，学生又会有挫败感。那么，如何做到恰到好处呢？以《现代中国的对外关系》学考复习公开课为例，在教材史料的选取和任务的设置上都是有梯度的：①照片的再现，时间的排序，属于简单层次的。不过在照片选取中也有难有易，《周恩来率中国代表团步入日内瓦会议会场》《乔的笑》是同学很容易判断的，而《周恩来访问印度》不仔细读图注释就很容易误认为是和平共处五项原则的首次提出，《毛泽东会见基辛格》和《毛泽东会见尼克松》更是不易区分。②两段会议内容的描述史料也是较容易的。③辨析史料的出处，而且《联合公报》还是《建交公报》表述的细微差别是很难发现，更是很难理解的。④通过70年代外交历程，需要发现中美关系松动的时间是在重返联合国之前，需要读出"知识链接"中第三次热潮中建交的国家是发达资本主义国家，从而在时间和影响上去论证中美关系的缓和是20世纪70年代对外关系的关键一环，这对学生分析问题的能力要求还是很高的。

（二）任务单中史料的运用模式构建——"曲径通幽处，禅房花木深"

本课题组试图以任务单作为依托，围绕选取的教材史料设置梯度任务，引导学生回归教材，培养学生的历史学科核心素养，从而达到学生"有效地学"，教师"有效地教"。

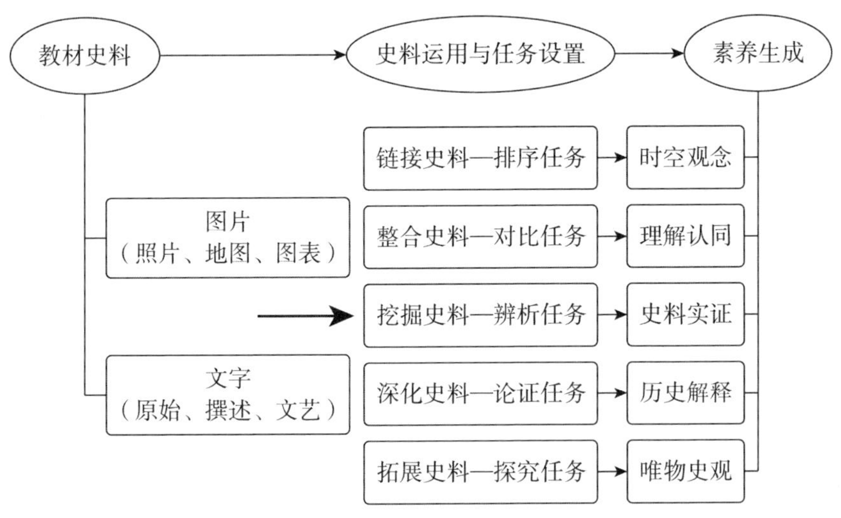

1. 链接教材图片史料，设置排序及梳理关系的任务，搭建学生时空观念

历史的时空观念是指将所认识的史事置于具体的时空条件下进行观察、分析的观念。掌握时空观念是学生学好历史的基本要求，也是培养学生思维能力的基本途径。时空观念是历史学习的基本技能与方法，它的树立具有至关重要的作用。尤其是在学选考复习中，第一步就是要掌握历史线索和历史框架，寻找出每个历史事件的时空坐标，才可能对历史事实有更深刻的理解。因此在任务单设置中，第一个任务就是梳理知识框架。比如，必修Ⅰ《新民主主义革命》一课涉及的事件非常多，学生不易掌握，所以在任务单中就选取了教材中的55—58页的《一大会址》图、《农村革命根据地形势》图和《中国工农红军长征路线》图，再补充同学熟悉的五四运动、解放南京等图片，设置时间排序的任务，从而搭建出该课的时空框架。再如复习必修Ⅰ专题四《现代中国的政治建设与祖国统一》，选取教材中各时段的事件图片进行排序，可以搭建起现代民主政治建设经历了良好开端、重大破坏、伟大转折、发展完善四个阶段。接着举出其中的三幅图片：《中国人民政治协商会议第一届全体会议》《开国大典》和《第一次全国人民代表大会》，设置任务：分析这三幅图片之间的关系，从而培养学生按照时间顺序和空间要素建构事件、人物、现象的相互关联的能力。

2. 整合教材原始史料，设置对比任务，增强学生历史理解能力

在对历史事实的框架建构基础上，还要将对史事的简单记忆和叙述提升为

理解其意义的理性认识和情感取向。对历史事件的发生、进程、结果及性质、影响等，对历史人物的言行、贡献、历史地位等，对历史现象的出现、状态、波及、后果等的认识，都需要将其放在历史的条件中进行具体的考察，从而增强对史事的认同。因此，本课题组在任务单设置中特别通过整合教材史料对一些难以区分的知识点进行详细对比，以增强学生的历史理解。比如在复习选修四《中外历史人物评说》的《科学社会主义的奠基人马克思》一课时，《资本论》的内容中有一句“资本主义必然灭亡，社会主义必然胜利”，似乎在《共产党宣言》中也表示了社会主义必胜的信念，关于两者的判断在各地模拟题中也多次出现过，因此本课题组在任务单中将人民版必修Ⅰ第 138 页“知识链接”中“《共产党宣言》的主要内容”与人教版选修四第 81 页《资本论》整合在一起，设置任务比较两者在内容和作用上有何不同。学生经过对比分析会发现《共产党宣言》侧重的是无产阶级斗争学说，无产阶级政党如何领导革命胜利，也就是“怎么做”；而《资本论》从政治经济学上揭示了剩余价值的秘密，侧重论证“为什么”资本主义必然灭亡。因此学生更好理解教材说《共产党宣言》是科学社会主义的纲领，而《资本论》是“把马克思的社会主义学说置于牢固的科学基础之上”，同时对马克思为人类解放而奉献一生的伟大精神也更为认同。

3. 挖掘教材有误史料，设置辨析任务，构建学生史料实证观念

史料实证指对获取的史料进行辨析，并运用可信史料努力重现历史真实的态度与方法，是最为凸显历史学科的专业化和历史学科特质的素养要求。其实从 2009 年开始，浙江省每年的高考中都会有一道关于史学理论的题目，着重考查学生“史由证来、证史一致”的史学理论意识，可见重视程度。那么，怎样在复习中穿插实证精神的培养呢？以笔者执教的人民版必修Ⅲ《中国古代的科学技术成就》一课为例，笔者在任务单中选取了教材第 28 页的插图及其文字说明：《抱朴子・仙药》中说的“火药”，设置任务讨论辨析该插图是否是出自《抱朴子・仙药》。学生根据所学知识，唐末至宋初开始使用火药武器，插图中两幅示意图分别是“竹火鹞”和“铁嘴火鹞”，文字当中描述的是火蒺藜，三者都是火药武器，因此不可能出现在东晋的著作当中。教师再延伸任务，让学生查找史料，找出该插图正确的出处。通过辨析教材史料的正误，让学生深刻体会了历史学的科学价值。

4. 深化处理教材史料,设置论证任务,提升学生历史解释能力

历史解释就是以史料为依据,以历史理解为基础,对历史事物进行理性分析和客观评判的态度与能力。通过对历史进行解释,不断接近历史真实。对于纷繁复杂的各种结论,学生应该有正确的理解和判断,这是我们学习历史乃至日常生活中最普遍运用的一种能力。以笔者在温州市学选考复习研讨会上执教的必修Ⅰ专题五《现代中国的对外关系》为例,对于学生理解不了的20世纪70年代外交关系哪个是关键一环的问题,笔者将课本中所涉及的外交事件:恢复联合国合法席位、乒乓外交、基辛格秘密访华、尼克松访华以及中日邦交正常化,按具体时间列成表格,并出示教材第91页的“资料卡片”:中华人民共和国第三次建交高潮,设置任务论证第89页课前提示的结论:“中美关系的缓和是20世纪70年代中国外交关系取得突破的关键。”学生可以根据史料的提示,一是从时间上讲中美关系的开始松动比重返联合国更早,二是从影响上说美国更关键。使学生体会到论证历史的方法,同时也意识到回归课本的重要性,更加关注教材的叙述和结论。

5. 拓展延伸教材史料,设置探究任务,树立学生唯物史观

学习历史,科学的历史观和方法论是非常重要的,唯物史观就是揭示人类社会历史客观基础及发展规律的科学历史观和方法论。而唯物史观不能进行纯理论的灌输,只能在分析和处理具体问题当中进行不断的渗透。其实教材中就有很多素材,如人教版选修四《一代雄狮拿破仑》一课,1804年拿破仑恢复帝制,笔者设置了如下探究任务:有人认为从法兰西共和国变成法兰西帝国是历史的倒退,你如何看待?学生各抒己见,老师追问学生所持结论的依据,找找教材中有哪些史料可以支撑其观点。最后笔者出示一组史料:①1789年法国国民议会颁布的《人权宣言》第十七条:财产是神圣不可侵犯的权利,除非当合法认定的公共需要所显然必需时,且在公平而预先赔偿的条件下,任何人的财产不得受到剥夺;②教材第52页“资料回放”中的史料:“法国《民法典》第545条:除非供公用并有公正的赔偿,不得强迫任何人放弃自己的财产”;③教材第54页“资料回放”中恩格斯《德国状况》史料:对德国来讲,拿破仑并不像他的敌人所说的那样,是一个专横跋扈的暴君,他在德国是革命的代表,是革命原理的传播者,是旧的封建社会的摧毁人。从教材史料延伸拓展到1789年的《人权宣言》,那是历史上第

一次以宪法的形式明确私有财产神圣不可侵犯的原则,学生可以认识到《拿破仑法典》实际上是在重申《人权宣言》的原则,也就是在保护资产阶级革命的果实。同时,通过恩格斯的论述,说明拿破仑的对外战争是传播了资产阶级革命的果实,动摇了欧洲的封建统治。因此,虽然拿破仑称皇帝,虽然叫法兰西帝国,但其实质还是资本主义性质的,叫什么名称是不能决定其性质的。在探究的过程中,教师一步步引导学生应该如何透过纷杂的表象去认识历史的本质,学生也深刻体会到了科学的历史观和方法论。

六、实践成效与成果特色

本研究与高二、高三备考教学有机融合,在学生的核心素养及应试水平提高和教师专业素养提升方面起了较大的促进作用,从而在学校发展中产生了一定的影响。

(1) 对教师而言:从课堂研发的视角,将教材史料的选取、运用与任务单相结合,丰富了学选考复习课的形式,提高了复习效率,向“有效地教”迈进了一步。

(2) 对学生而言:通过完成不同的任务,认识到回归课本的重要性,在潜移默化中历史学科核心素养得到不断提升,向“有效地学”迈进了一大步。

(3) 对教学传承发展而言:配合了温州市“促进有效学习”课堂变革活动的推进实施,将本教研组“基于学情的高中历史课堂‘学习任务单’设计与运用”课堂变革项目延伸到学选考复习中,探索出了有效的复习教学模式,为接下来的继续深入研究和实践积累了宝贵的经验和资料。

七、研究反思与展望——脚踏实地,仰望星空

由于第一次面对新高考的改革,没有现成的经验借鉴,而且选考提前,教学安排异常紧张,每节课的复习容量都很大,所以我们的研究与实践还有很多不够成熟、不易操作的地方。

在这次的课题研究中,我们收获很多,那些看似平淡无奇、信手拈来的“教材史料”其实也有很多宝贵的知识和史学价值值得我们积累和挖掘;那些平时不被我们注意的问题设置,其实也有必要去钻研和推敲。正是“蓦然回首”时,发现“曲径通幽处”。

虽然我们的课题现在结题了,但研究还远远没有结束,在新一轮的学选考复习中,我们还应该将我们的课题继续推进、深化,在不断的实践中反复修正、改善,相信我们的研究必将取得意想不到的成果。

参考文献:

1. 梁启超.中国历史研究法[M].北京:中华书局,2009.

2. 蒂姆·洛马斯.叶小兵译.论史料教学[J].河北:教学研究,1998(2).

3. 叶小兵.中学历史教学中史料教学的探讨[J].北京:北京师范学院学报(社科版),1992(1).

4. 聂幼犁.历史课程与教学论[M].杭州:浙江教育出版社,2003.

5. 何成刚,彭禹,等.智慧课堂:史料教学中的方法与策略[M].北京:北京大学出版社,2010.

6. 赵文龙.史料的选择和使用[J].历史教学,2009(9).

7. 肖云豹.例谈史料的选取与运用[J].中学历史教学,2015(9).

逻辑链在教学情景问题设置上的尝试

——以《冷战与国际格局的演变》为例

陈永谱

摘要:本文以教学情景问题中逻辑链的补充与贯通为线索,强调历史发展的因果逻辑,注意重要时间节点的历史事件对特定历史过程发展中的影响。以冷战的起源为例,传统观点强调社会制度与意识形态的对立引发冷战,而通过对"二战"时期美苏关系及战后初期美苏一系列单个历史事件的分析,可以填补历史发展过程中关键逻辑链,借此加深学生对整个历史过程发展的认识,形成完整的逻辑链,全面看待历史发展的"真相"。以往历史研究和课堂虽然讲历史人物的作用,但作为关键事件中的历史人物的作用并没有完整地凸显出来,本文希望做较为深入的尝试,借以加深学生对"时空观念""历史解释"两大素养的理解。

关键词:逻辑链　冷战　历史人物

历史讲因果,讲逻辑。历史学科核心素养中的"时空观念"和"历史解释"两大素养要求都是围绕基本的历史逻辑来定义的。高中历史课堂的教学对象是有一定历史学习经验和少许历史知识的学生——其逻辑思维能力正在形成中。因此,在现有《中外历史纲要》教材的教学过程中,通过一定逻辑链去展现历史发展的时空顺序、因果关系,并对关键节点的历史人物或历史事件进行典型分析,对落实高中历史学科核心素养的培育具有重要作用。本文拟以《中外历史纲要(下)》第18课《冷战与国际格局的演变》为例,通过对关键时间节点的历史事件进行补充分析,既完善整节课知识点的内容,又从逻辑链的角度,加深学生对前后历史事件因果关系和逻辑关系的理解。

1. 现有教材关于冷战叙述的基本逻辑

传统观点关于冷战的叙述，提到的典型历史事件有丘吉尔的铁幕演说、乔治·凯南的"长电报"①"杜鲁门主义"、华沙条约组织等，选择这些关键事件的理由在于：冷战开启的序幕、美国冷战政策出台、冷战开始的标志、两极格局形成的标志等。然而，仅从上述关键词和所谓的标志来看，并不足以形成完整的逻辑链。

以上关键事件并没有全部出现在现有教材体系中，如铁幕演说这样的关键历史事件完全不提，乔治·凯南的"长电报"也只是作为补充材料出现在"历史纵横"中。所以，这两个历史事件是一般课堂教学中必不可少的补充内容。由于有了这两个历史事件的补充，学生基本上能够理解，什么是冷战起源过程中"意识形态也尖锐对立"了。

建立在对铁幕演说和"长电报"的补充基础上的课堂逻辑链显示，冷战的起源完全是因为在"二战"结束后，美苏两个超级大国因战时合作的基础——对付法西斯势力——不复存在，而很快由于社会制度尤其是意识形态的尖锐对立而迅速走向对抗，进一步也可以显示，由于资本主义世界天然的对社会主义制度的敌视，很快就主动地发起了冷战。因此，从冷战起源的角度来说，美国、英国等资本主义国家无疑是主导的。

2. 建立在进一步补充基础上的新的逻辑链

上一节关于冷战的起源的历史叙述，美国等资本主义世界是冷战的主动发起者，1946 年的铁幕演说和"长电报"的出现，资本主义世界在意识形态领域高度关注社会主义世界，并很快对其展开了各种途径的遏制和封锁。

诚然，冷战的最初和主动发起者无疑是美国等资本主义国家，按斯大林的说法，就是帝国主义国家。还有，在第二次世界大战结束之初，由于苏联遭受战争创伤极大，也确实没有主动发起冷战的可能，更何况苏联在雅尔塔等一系列国际会议上缔结的"雅尔塔体系"也基本上实现了苏联的基本目标——"苏联极其关心自己的安全，特别是西部边界的安全"，实现了上述目标的苏联和斯大林确实

① 冷战史学界一般称电文为"八千字电文"，冷战史学界普遍以这篇超长电文作为冷战时期美国遏制战略的起源。

没有主动挑起与资本主义世界敌视的必要。①苏联没有主动挑起或不可能主动挑起冷战，不代表苏联在整个冷战起源过程中的某些作为没有起到催化冷战的效果。

逻辑链一：1946 年 2 月 9 日斯大林的竞选演讲

斯大林在该日的竞选演讲核心内容有两个：一，第二次世界大战的胜利说明苏联的社会主义制度是最好的制度，比其他的社会制度优越，必须坚持社会主义制度。二，帝国主义仍然存在，列宁关于帝国主义就是战争的论断没有过时，所以要准备战斗。

斯大林的这一竞选演讲出现在 1946 年 2 月的铁幕演说和 3 月的“长电报”之前，而这篇演讲的核心内容，极易引起资本主义国家敏感的神经——社会主义又要展开世界革命，准备与资本主义进行战争。②美国等资本主义国家对斯大林竞选演讲理解的核心是——帝国主义就是战争。由此，引发铁幕演说和“长电报”的出现也就不足为奇了。这里更需说明的是，乔治·凯南作为美国驻苏联大使馆的代办，和此时（1946 年 3 月）已回国的大使哈里曼一样，都是“二战”时期的美国左派，就连这样的倾向苏联的美国官员都开始怀疑苏联，以杜鲁门为代表的美国右派的态度就可想而知了。

逻辑链二：1947 年 9 月成立的共产党和工人党情报局

面对 1947 年 3 月的“杜鲁门主义”和 1947 年 6 月的“马歇尔计划”，尤其是苏联在得知“马歇尔计划”的真实目的后，对美国以政治和经济手段排斥苏联，甚至想拉拢东欧社会主义国家的这一系列敌对计划，共产党和工人党情报局的成立及其对形势的判断——“两个阵营”的理论正式出台——对冷战局面的形成起

---

① 如“二战”后期在出兵朝鲜及占领朝鲜半岛的过程中，以及“三八线”的划定等事件上，斯大林是严格遵守了美苏之间的约定的，包括“二战”后初期在东欧各国建立联合政府的问题上，苏联无一不与美国等西方国家进行合作，履行承诺。

② 实际上，从近年一系列冷战史前沿论文成果可知，斯大林的演讲仅仅是作为国内竞选的一种口号，演讲的对象主要是针对当时苏联国内的民众，而不是苏联的外交政策。但西方世界去分析这个演讲内容的时候，得出的结论截然不同，它犹如苏联重新启动世界革命，意图发动战争，消灭资本主义的宣言。相关论著如沈志华.美苏冷战起源的经济因素[J].俄罗斯研究，2021（1）.沈志华，余伟民.斯大林是怎样掉入“修昔底德陷阱”的——战后美苏从合作走向对抗的路径和原因[J].俄罗斯研究，2019（1）.

了至关重要的推动作用。“两个阵营”理论的出现对于资本主义世界来说，苏联及社会主义国家已经形成一个联合阵营，开始与资本主义世界进行对抗。虽然课本提到，“杜鲁门主义”“宣布世界已经分裂为两个对立的营垒”，事实上真正开始激烈对抗、针锋相对的，反而是情报局的成立。

由以上两个证据链是否可以论证，或者说梳理出一个结论：苏联在“二战”结束后的每一个政治或经济行动都会引起美国等资本主义世界对社会主义世界的敌视，而由这种敌视最终引发了美国等资本主义国家对苏联和社会主义国家发动冷战？事实上，可以讨论的空间还是很大的。

3. 由补充逻辑重新组织的背景知识

冷战是人类经历两次世界大战后的一种全新的世界范围内的对抗，其特点是尽可能防止世界范围内的世界大战，但对抗的激烈程度及范围一点也不比世界大战要小，甚至更为全面。因而，关注冷战的起源，就要关注冷战前的世界历史。

“二战”前，几乎所有资本主义国家都对社会主义国家抱有一种警惕或敌视的态度，因为当时世界上只有苏联一个真正的社会主义国家，而其主导下的共产国际在几乎所有国家都支持和鼓动无产阶级革命，这也就很自然地会引起资本主义国家的敌视。

第二次世界大战改变了资本主义国家——尤其美国、英国——对苏联的态度。“二战”爆发前，由于苏联与英法等国的极端不信任，以至于德国在欧洲发动世界大战的前一个月抢先与苏联签订了互不侵犯条约。但这个条约的签订加上“二战”在欧洲爆发后德国与苏联的矛盾并没有得到妥善的解决，使得美国和英国看到了苏联在这场战争中对抵抗法西斯入侵的重要意义。所以，当 1941 年 6 月苏德战争爆发，美国迅速将《租借法案》的租借对象扩大到了苏联，就连当时极端敌视苏联的英国首相丘吉尔，也一改往日对苏联的不信任，转而从政治、军事、经济上向苏联提供援助。

这里特别要提到的是美国对反法西斯国家的租借。反法西斯战争中美国凭借《租借法案》为英国、苏联等国提供了几十亿美元到上百亿美元不等的各种经济、军事、技术援助，帮助英国、苏联有效地抵挡住了德国的进攻。而提到美国对苏联的租借——一种变相的对反法西斯国家的无偿援助，要与美国对英国的租借做一个对比。① 美国对英国的租借条件开始极其苛刻，而且要求英国有相应的反向租借，实际上是一种物资和军事资源的交换。而在对苏联的租借问题上，美国总统罗斯福几乎是无条件地满足了苏联对一切军事、经济物资的需求，并且没有向对英国那样繁琐的手续，甚至是作为总统多次亲自干预美国对外租借的各部门，且绝不用对苏联的军事、经济援助作为控制或要挟苏联的条件。

但是，美国对苏联的租借和援助是建立在有着共同的敌人——法西斯势力的基础之上的。一旦这个共同的敌人消失，相应的问题又会暴露出来。所以，很多专家在研究这段美苏由精诚合作转向分裂对抗的过程的时候，开始认识到美苏的这种战时经济援助到战后这种援助的消失，直到 1947 年苏联断然拒绝"马歇尔计划"(本身就是一个对苏联的圈套)，其间的种种变故，尤其是当美国断绝对苏联的经济援助和以马歇尔计划为经济对抗手段的时候，冷战起源的经济因素就凸显出来了。

4. 历史因果中的主观因素——政治人物的历史影响

在美苏由"二战"时期的合作到战后的两极对峙的过程中，重要政治人物的政治态度起了至关重要的作用。

虽然历史研究强调客观，尽可能避免人为的主观因素，但历史进程中重要政治任务的主观因素反而更容易凸显出来。"二战"时期美国之所以能与苏联在反法西斯战争中紧密配合，离不开当时的重要政治人物罗斯福和斯大林。在美国政治人物中，罗斯福是美国的左派和国际主义者，在推动美国参与"二战"，援助反法西斯国家的史实上，罗斯福个人的政治态度是显而易见的——他多次说服美国国会对外展开租借援助、一次次发动舆论转变对苏联的态度、"二战"中有限保证对苏联的租借援助等，用部分冷战史学者的话来说，罗斯福认为美国等资本主义世界和苏联的社会主义已经在往趋同的道路上走了，美国在"新政"时期开始实行国家对经济的干预，而苏联在历史上也实行过国家资本主义。斯大林在"二战"时期充分看到了美国的租借援助对于苏联顶住德国进攻，包括快速由防守转为进攻的意义，在很多问题上采取了与美国进行合作的态度，比如解散共产

① 相关研究见沈志华."无条件援助"：租借与战时美苏经济关系——关于美苏冷战起源的经济因素(讨论之三)[J].清华大学学报(哲学社会科学版)，2021(5).

国际、比如在一系列国际会议上与美英协商一致,共同决定战后国际事务等。

5. 简短的逻辑梳理

要让高中阶段的学生认识到冷战起源的原因、冷战开始到两极格局形成这样复杂的历史问题,单纯从《中外历史纲要》已有的知识点来看是无法建立起有效的逻辑框架的。因此,需要通过这个历史过程中一系列逻辑链关键节点的补充,包括关键历史人物的人物特点进行介绍,才能在理解的基础上贯通本课关于冷战起源和形成过程的知识点。

经此训练,学生应能从教师的补充和解释中得到以下基本逻辑知识:

一,因共同敌人——法西斯势力的存在,美苏在“二战”期间能够携手合作,且十分紧密,尤其是经济上美国对苏联的支援;二,美国对苏联的支援主观上有赖于当时美国重要的政治人物——总统罗斯福的支持;三,罗斯福在“二战”结束前的去世以及“二战”的结束,把因战争而掩盖的意识形态问题暴露了出来;四,由于经济上的持续矛盾,政治上的意识形态对立日甚,加上美国右派上台,苏联一系列政治行为引发的资本主义世界的误读,导致意识形态对立日益明显;五,美苏由于各种对立最终走向全面对抗,世界走向两极格局。

参考文献:

1. 沈志华等.冷战启示录——美苏冷战历史系列专题报告[M].北京:世界知识出版社,2019.

2. 沈志华.美国对苏贷款问题历史考察(1943—1946)——关于美苏经济冷战起源的研究(之一)[J].俄罗斯研究,2019(6).沈志华.错失良机:苏联与布雷顿森林体系的建立——关于美苏冷战起源的经济因素(讨论之二)[J].冷战国际史研究,29/30(2020 年夏季号和冬季号).沈志华.冷战国际史研究,31/32(2021 年夏季号和冬季号).沈志华.“无条件援助”:租借与战时美苏经济关系——关于美苏冷战起源的经济因素(讨论之三)[J].清华大学学报(哲学社会科学版),2021(5).沈志华.战后赔偿:美苏对德占领政策中的合作与冲突——关于美苏冷战起源的经济因素(讨论之四)[J].华东师范大学学报(哲学社会科学版),2021(5).

基于核心素养培养的高中历史教学策略探析

——以部编版《中外历史纲要》(上)第1课为例

孙长芳

摘要:新修订的普通高中历史课程标准以学科核心素养为主线,更加突出育人目标的实现。而高中历史学科内容体系的庞杂性也导致在具体实施过程中出现了课时少与内容多的矛盾。同时,高一面临着学业水平考试的压力,如何利用有限的课时,同步实现育人与育分目标的完成,对一线教师而言是一大挑战。唯有在课堂中围绕核心素养进行创新性的教学方式的探索,在注重课程基础性的同时,充分体现以学生发展为本的课程理念,不断总结与反思课程教学设计,才能够真正在教学中让核心素养落地。

关键词:核心素养　教学策略　人文价值

自2018年《普通高中课程方案》和《普通高中学科课程标准》正式颁布以来,高中历史教学既迎来了机遇也面临着挑战。新的课程标准创造性地运用核心素养这一概念,进一步完善了学科育人体系。高中历史课程的核心素养高度凝练为五个方面:唯物史观、时空观念、史料实证、历史解释和家国情怀。这五个方面作为一个整体,也是培养学生历史思维的基础。高要求的育人目标与大部分学生缺乏历史学科人文素养的现实,对教师而言可谓任务艰巨。再加上课时的有限与内容的繁多,如何在课堂中创新教学设计、合理安排教学环节,如何对教材内容进行大胆的取舍,真正地做到以学生为本,落实学科核心素养,都需要一线教师在教学实践中不断地探索与总结。本文结合本人自身的教学实践,以《中外历史纲要》(上)第1课的教学为例,围绕当下高中历史学科核心素养培养的目标,进行教学方式和策略的探究。

一

《普通高中历史课程标准(2017 年版 2020 年修订)》对《中外历史纲要》(上)第 1 课《中华文明的起源与早期国家》的目标要求如下:通过了解石器时代中国境内有代表性的文化遗存,认识它们与中华文明起源以及私有制、阶级和国家产生的关系;通过甲骨文、青铜器铭文及其他文献记载,了解私有制、阶级和早期国家的特征。① 本课共三个子目,从石器时代到西周,时间跨度大、知识点多,涉及的历史概念也较多。由于时间久远,学生对这节课的距离感和陌生感也比较明显,而作为高中的第一课,如何让学生快速融入高中课堂,完成初高中的角色转换,对教师的授课技巧也是一种挑战。在这样的多重压力下,怎样上好这一课就显得尤为关键。

二

在课堂中有效落实历史学科核心素养,关键的载体仍然是统编版高中历史教材。因此在备课的过程中需要熟读研读教材,思考课程标准与核心素养之间的关系,构建课程逻辑结构,探索落实核心素养的具体途径。而在课后及时对教法进行反思总结,再次加工,也是必不可少的一个环节。下面就本人在《中华文明的起源与早期国家》这一课的教学实践中,探索落实核心素养的途径。

1. 强调时空观念,训练时序和空间思维能力。时空观念是在特定的时间联系和空间联系中对事物进行观察、分析的意识和思维方式。任何历史事物都是在特定的、具体的时间和空间条件下发生的,只有在特定的时空框架当中,才能对史事有准确的理解。② 在历史学科的五大核心素养中,时空观念是体现历史学科本质的基本素养。在高中课堂中的第一节课中,帮助学生梳理清晰的时空线索,有助于学生重视这一基本素养,同时,也有利于培养学生在长时段中看待事物、发现历史规律的能力。本课不论是从时间和空间上跨度都非常大,时间上从

---

① 普通高中历史课程标准(2017 年版 2020 年修订)[M].北京:人民教育出版社,2020:13.

② 普通高中课程标准(2017 年版)教师指导·历史[M].上海:上海教育出版社,2020:36.

石器时代一直延伸到夏商周时期，空间上文化遗存的分布亦呈现满天星斗的特点，地理分布范围广。学生需要在特定的时间范围内明确不同地理空间的文化遗存分布及其特征，这对于刚进入高中的学生来说是有一定的难度的。基于此，在具体上课中，笔者选择充分利用教材已有资源，给学生呈现出时空之感。

首先，借助本课的三处学习聚焦，让学生在短时间内快速抓住本课的核心内容，明确时间跨度。学习聚焦一，“石器时代人类先后以打制和磨制的石器作为工具”；学习聚焦二，“禹建立了中国最早的奴隶制国家，启继位，世袭制代替了禅让制”；学习聚焦三，“甲骨文证实了文献中关于商朝的部分文献记载，大量的西周青铜器铭文，反映了西周贵族的各种活动”。这三处学习聚焦在凝练教材核心内容的同时，时间上从石器时代一直贯穿至西周时期，让学生在时序上形成通识性，认识到中华文明源远流长。其次利用教材提供的两个图片资料，让学生通过观察两幅图片（见《中外历史纲要》上册第1课），明确旧石器时代和新石器时代代表性文化遗存及其分布的地理空间。再次，借助新旧石器时代的比较表格，帮助学生进一步厘清时空脉络及其特征。

历史是发生在过去的事情。对历史的了解和理解、解释和评判等都离不开时空观念。在学习和研究历史的过程中，重要的是能够在不同的时空框架下，理解和解释历史上的变化与延续、统一与多样、局部与整体。① 依据本课时间跨度大的特点，先从长时段中让学生整体把握，再撷取石器时代这一相对阶段进行时空梳理，最后借助表格将纷繁复杂的时空知识点表格化，清晰明了。这也有利于培养学生在日常生活中，面对复杂问题，进行阶段切割和化繁为简的能力。

2. 渗透唯物史观，认识事物发展规律。唯物史观是揭示人类社会历史客观基础及发展规律的科学的历史观和方法论。唯物史观使历史成为一门科学，只有运用唯物史观的立场、观点和方法，才能对历史有全面、客观的认识。唯物史观的内容包括人类社会形态从低级到高级的发展、生产力和生产关系之间的辩证关系、经济基础和上层建筑之间的相互作用、人民群众在社会发展中的重要作用等。在历史教学中，注重对学生唯物史观的培养，并将唯物史观运用于历史的学习和探究中，有利于学生形成科学的历史观。

---

① 普通高中课程标准（2017年版）教师指导·历史[M].上海：上海教育出版社，2020：37.

在本课教学中，重点抓住两处，以此作为唯物史观素养渗透的两个切入点，让学生体会其内涵。一是从旧石器时代发展到新石器时代，生产生活特征发生了变化。旧石器时代的人们从事渔猎和采集，过着群居生活；新石器时代的人们已经大量使用陶器，开始从事原始农业，饲养家畜。学生对比两个时期的生产生活特征，找出最突出的变化——原始农业的出现，这是生产力的一大进步。相比渔猎和采集的生活方式，农业让人们有了固定的食物来源。也正是源于生产力的进步，从旧石器时代晚期出现的母系氏族社会发展到新石器时代晚期的父系氏族社会，这一社会组织的变化正是生产力决定生产关系、经济基础决定上层建筑的深刻体现。由此便可帮助学生理解，生产力的进步带来私有制，由此产生阶级分化，继而便产生了阶级镇压的强制机关——国家，文明的要素之一便具备了。

二是在讲述西周的政治制度和土地制度时，同样也可以向学生呈现出唯物史观的素养。商和西周是我国奴隶制社会经济发展并走向繁荣的时期。井田制是土地经营的基本方式，而在政治上，西周实行的是分封制、宗法制和礼乐制。在具体解释了这些概念之后，教师可以设置一个课堂活动，让学生梳理这几种制度之间的关系。从唯物史观的角度来说，学生很容易便能够理解，井田制作为经济基础，而分封制、宗法制和礼乐制是上层建筑的体现，经济基础决定上层建筑，由此，大的框架便清晰了，政治制度之间的关系相对就容易理清了。

在课堂教学中，自觉地对学生进行唯物史观的培养，有助于学生正确认识人类历史发展的总趋势，除了将唯物史观运用于历史的学习和探究中之外，也有助于学生将唯物史观作为认识和解决现实问题的指导思想。

3. 重视史料实证，学会去伪存真。史料实证是指对获取的史料进行辨析，并运用可信的史料努力重现历史真实的态度与方法。科林伍德曾说："历史学是通过对证据的解释而进行的：证据在这里是那些个别地就叫作文献的东西的总称；文献是此时此地存在的东西，它是那样一种东西，历史学家加以思维就能够得到对他有关过去事件所询问的问题的答案……历史学的程序或方法根本上就在于解释证据。"①历史教学中，有意识地帮助学生掌握搜集史料的途径和方法，判断

---

① R. G.科林伍德.历史的观念[M].何兆武，等译.北京：中国社会科学出版社，1986：10.

史料的真伪和价值，增强学生的实证意识，是历史学科核心素养培育的重要内容之一。

在本课讲述夏商历史时，我发现教材的表述中有这样的两句话，一句是“考古学家在河南偃师发现的二里头遗址，很有可能是夏文化的遗存”，还有一句是学习聚焦中的“甲骨文证实了文献中关于商朝的部分历史记载”。我提醒学生思考：为什么说二里头遗址很有可能是夏文化的遗存？夏朝的历史为什么无法像商朝一样得以实证？同时给学生补充自20世纪20年代以来，以顾颉刚为代表的“古史辨”学派等国内外学者对夏王朝是否存在的争议状况，明白争议的原因之一便是有关夏史的记载都是后来史家追述的，缺乏出土夏朝文字的实证，文献资料的缺乏不足以重建夏史。而商代殷墟出土了甲骨文这种内容较为丰富的文字系统以及当时的青铜器铭文，使得商朝的历史得以实证。借此，学生从中即可体会，历史学是一门注重逻辑推理和严密论证的实证性的人文学科，研究历史的基本方法是实证，而史料便是依据。不论是文献史料、实物史料还是口述史料，在历史研究中都有其特定的史料价值，但还需注意孤证不立，多重史料的论证是必需的。

此外，教材中也提供了丰富的史料，如辅助栏目中的史料阅读《韩非·五蠹》、学思之窗中关于启的继位不同说法的史料，都可以在课堂中充分利用。借此帮助学生养成论从史出、史论结合的历史思维习惯，同时注意史料来源和价值问题。高一年级的历史课堂中针对史料阅读进行专题练习虽不太现实，但在教学中充分利用教材提供的史料，有意识地突出史料实证这一核心素养，对于学生实证精神的养成至关重要。

4. 立足史料，厘清概念，理性客观地进行历史解释。历史解释是在特定的时空范围内，基于史料和历史理解作出的历史叙述。基于此，历史解释不可避免带有一定的主观因素。著名历史学家陈寅恪先生认为对历史要有一种“了解之理解”，也就是我们现在所谓的“同情之理解，理解之同情”；英国史学家卡尔认为，历史学家对他所处理的人物的见解，对他们行动背后的思想，应该有一种富于想象力的理解。① 历史解释的主观性并不意味着历史史实本身的不确定性，同一历

① 爱德华·霍列特·卡尔.历史是什么？[M].吴柱存，译.北京：商务印书馆，1981：21.

史事物会有不同解释,关键是能够对各种历史解释加以辨析,能够在史料的支撑之下进行有理有据的解释。

而历史解释在课堂教学中最常见的形式之一便是重要概念的界定。历史概念作为历史叙述的手段和工具,只有厘清了概念才能够有力而又客观地进行历史阐释。在《中华文明的起源与早期国家》这一课中,大大小小的历史概念数十个,教学中要想全面覆盖自然是有难度的,这就需要教师在结合课标的基础上锁定课程的核心概念,以核心概念带动概念知识群。这一课的课题中便出现了两个重要的概念:中华文明和早期国家。而在具体教学过程中,对于中华文明起源的特点配合教材上的两张新旧石器时代的文化遗存图,引导学生分析。大多数学生都可以得出分布广泛、满天星斗这个特点,而对于"多元一体"这个概念便很难理解了。关于中华文明起源的空间问题,传统史观是"一元论",即认为中华民族是从黄河中下游地区最先发端,而后扩散到边疆各地。但是随着考古发掘的不断深入,"多元论"逐渐被学界所接受。著名考古学家苏秉琦先生在20世纪70年代末期率先提出"区系类型理论",他在《关于重建中国史前史的思考》中说:"中国古代文化又是多源的;……中华民族之所以能够形成一个统一的多民族国家并在数千年来始终屹立在世界的东方,都与中国文化的传统、中国文明的多源性有密切关系。"①通过教材图片和课后学习拓展材料的补充,引导学生理解中华文明多元一体的发展历程。

而对于"文明"和"国家"这两个概念,通过向学生展示相关材料帮助学生进一步理解,比如"文明"这一词,在中国古代文献中,最早见于《易・大有》卦辞:"其德刚健而文明,应乎天而时行,是以元亨。"②又见于《易传・文言》:"天下文明。"③而现代汉语中对于"文明"的解释,通常是指人类社会的进步状态,与所谓"蒙昧"和"野蛮"相对而言。通过私有制出现的知识点讲解,帮助学生理解,"国家"是阶级镇压的工具,是强制机关,在此基础上,学生总结文明的要素,从而得出国家、阶级、城市等不同要素都是文明起源的标志。

本课涉及的历史概念较多,教师在授课中都可以采取借助史料或直接进行

① 普通高中教科书.历史必修・中外历史纲要(上)[M].北京:人民教育出版社,2020:8.
② 唐明邦主编.周易评注[M].北京:中华书局,1995:39.
③ 唐明邦主编.周易评注[M].北京:中华书局,1995:175.

概念界定的方式帮助学生明确，同样，也可以让学生结合史料对相关概念或事件作出自己的历史解释，以此来发展学生历史解释的素养。

5. 涵养家国情怀，培育人文精神。历史学科作为一门人文学科，其育人功能的重要标志便是家国情怀这一素养的培育。而历史学科五大核心素养在建构学生正确的历史认识的同时，肩负的是立德树人的任务。学生通过历史课程的学习，在掌握历史知识的基础上，能够形成对祖国的认同感和归属感，能够认识中华民族多元一体的历史发展趋势，形成对中华民族的认同感和正确的民族观，具有民族自信心和自豪感；……塑造健全的人格，树立正确的世界观、人生观和价值观。① 课堂教学中，如何实现历史学科育人价值的功能，让学生自发产生认同感和自豪感是至关重要的。高中生已经具备了独立的思考判断能力，三观基本已经形成，这就意味着传统的说教于他们而言可能只会感动教师自己。因此，课堂中唯有创新性地进行教学环节的设计，将家国情怀的培养融于教学的环节之中，在教学过程中浸润情怀，以润物无声的方式实现家国情怀的培育。

在《中华文明的起源与早期国家》这一课的教学过程中，教师尤其要抓住"中华文明"这一关键词。通过展示石器时代中华文明的文化遗存，使学生认识到中国是世界上最早的文明起源地之一，培养学生对民族文化的认同感和自豪感。通过神话传说，使学生认识到炎黄子孙是我们共同的文化认同。通过展示考古发掘的夏商周时期的实物材料，结合当下三星堆出土的相关文物，使学生感受到中华文明的博大精深，进而涵养其家国情怀。有条件的地区，可以组织学生参观古人类遗址或者博物馆，置身于历史情境中感受中华文明的源远流长。

家国情怀作为最高层次的核心素养，也是历史学科育人价值的集中表现，对于培育学生的人文情怀，形成积极向上的人生观、世界观、价值观发挥着重要作用。学生通过学习历史，除了认识自身国家的传统文化外，还可了解世界大势，关注人类命运走向，真正具备人类命运共同体的格局与意识。

---

① 普通高中课程标准（2017 年版）教师指导·历史[M].上海：上海教育出版社，2020：42.

三

学习、认识和研究历史，离不开历史学科五大核心素养，而这五个方面相辅相成共同促进学生正确历史观的形成。有学者曾将历史科学的功能和作用概括为：历史科学是社会活动的向导，历史研究是人类认识自身的根本途径，历史知识是人们必需的文化素质。① 在历史教学中，教师要从五大核心素养出发进行教学设计和教学活动展开，综合提升学生的历史学科核心素养，使学生构建正确的历史观，进而实现立德树人的根本任务，发挥历史学科的价值。新教材的使用过程中，在面临着课时少、容量大的现实难题的同时，现有资源的不足以及对于新教材的不够熟悉，都是一线教师面临的挑战。但事物总有两面，在挑战的同时也给我们教师提供了可展身手的舞台，在具体教学实践中，通过不断探索，勇于创新，不停反思，素养落地于课堂将不再是一件难事。

① 李振宏，刘克辉著.历史学的理论和方法[M].开封：河南大学出版社，2010：124－134.

礼尚往来:明嘉靖间遣明使与宁波文人的礼物馈赠往还

——以策彦周良《初渡集》为中心

陈科锰

摘要:明嘉靖年间,策彦周良曾两次入明朝贡,并在其出使日记《初渡集》中详尽客观地记载了其在宁波停留期间与宁波文人所展开的交流活动。策彦周良与宁波文人的礼物馈赠往还是双方结交友谊并由此建构、维系彼此之间较为稳定和密切的社交网络的重要途径。这些礼物的种类、数量、价值的选择以及礼物流动的方式、时间、场合各不相同,背后都蕴含着深刻的社会文化意义和出于人情伦理的考量。本文试图在对《初渡集》所见之礼物往还进行细致耙梳的基础上,结合人类学、社会学对"礼物交换"的分析理论,浅探宁波一时一地一人的赠与回赠有着何种深刻的文化与社会意义。以期能更好地理解策彦周良与宁波文人"礼尚往来"的玄机,并为研究传统社会中文人间的礼物流动提供例证。

关键词:策彦周良　宁波　文人　礼物　流动

一、绪论

明嘉靖年间,策彦周良曾两次作为日本遣明使入明朝贡,先后留下内容翔实的朝贡出使日记《初渡集》和《再渡集》。虽然遣明使是日本为与明朝进行官方贸易而派出的朝贡使节,但实际上是以经济利益为真实目的的群体。这些以僧人为主的朝贡使节所具备的士大夫修养,使他们对中国的观察并未止步于政治和经济上的接洽,他们将自己与中国文人的交往作为新的切入点来剖析中国社会,策彦周良即是如此。作为五山高僧的策彦周良,自身爱好儒学并擅长诗文,因而能在出使期间较为深入地融入中国文人的日常生活之中。

宁波作为明朝负责对日贸易的浙江市舶司的所在地,也是日本使者往返中国的起点和终点。因此,日本贡使团通常会在宁波停留几个月时间,以便等待入京进贡的批准和季风时节的到来。可以说,明朝日使进贡的日子主要是在宁波度过的。以策彦周良的初次入明朝贡为例,日本贡使团一行于嘉靖十八年(1539)五月二十二日抵达宁波,此后在宁波停留了将近五个月时间,直到同年十月十七日乘船北上;待完成朝贡后,于嘉靖十九年(1540)九月十二日返回宁波,至次年(1541)五月二十日启程赴日,在宁波停留历时八月有余。

在宁波停留的数月时间里,策彦周良不失时机,与宁波文人交往酬唱、互赠礼物。在其出使日记中,除了记录明朝的接使制度外,更重要的篇幅在于通过记录"人"的活动展现了宁波文人的社会生活。这种"人"的历史体现在策彦周良与宁波文人通过"礼物流动"构筑起来的社交网络。对于策彦周良来说,礼物的交换往还创造并强化了他在宁波当地的社交关系,增进了他与宁波文人的情感联系和工具联系。

"物"(包括物质和非物质形式)在"赠礼—受礼—回礼"的流动过程中被赋予了社会意义,因而也获得了社会生命。尽管礼物交换存在于所有社会的日常生活中,但它在崇尚"礼"的儒家文化悠久的中国社会中所产生的作用尤为明显。礼物的流动不是盲目的,物是礼的载体,礼是物的灵力,因此礼物流动的背后是社会文化。通过分析礼物交换这一动态过程并进一步揭示人类社会的一些基本文化特质,无疑是一条颇具魅力的途径:这些貌似简单、平常的人与人之间的活动却隐喻着复杂微妙的社会关系结构和人际关系网络,尤其是在这组礼物交换流动的对象分别来自两个国家的情况下。

根据针对《初渡集》中礼物往还的分析,我们不但可以描画出明代宁波文人与遣明使策彦周良之间频繁交流活动的历史图景,而且还可以窥见一些鲜活生动的细节与片段。其重要意义在于,它使不断更迭、变幻不定的历史瞬间定格成为可以观察、能够触摸的一种永恒。① 当我们重新梳理策彦周良在与宁波文人结识交往过程的礼物馈赠情形时,仔细品读那些伴随礼物交往的文字,仍然觉得意

① 刘恒武.15—16世纪宁波文人与日本遣明使之间的书画交流[J].文博,2008(4):80.

趣横生。这些宁波文人或许并非都拥有很高的文学、书画水准，但在与他们的来往走动特别是礼物交换中，策彦周良能更为深入和全面地理解当时中国社会文化。我们既要明了这些礼物在双方心目中的特殊内涵，同时更需要将这种人与物的互动关系放置在中日文化交流互动的大势中去加以考察。只有这样，我们才能探明在礼物馈赠往来背后所隐藏的玄机。

二、《初渡集》所见之礼物馈赠往来

嘉靖十八年(1539)，策彦周良作为副使入明朝贡，起点便是宁波。宁波文人对这位日本使者表现出极为浓厚的兴趣，纷纷呼朋引类、以点带面，互相介绍认识策彦周良。在其初次抵达宁波至启程北上期间，宁波文人盛情满溢，与策彦周良展开了积极友好的互动交流。《初渡集》中详细记载了双方建立友谊的过程，他们或互赠礼物，或诗文酬唱，或驰书和韵，或宴请于家……而这一切均可用广义的“礼物”来概括，包括如物质形式的生活用品和非物质形式的酬唱和韵等。以文会友固然是文人们结成友谊的重要途径，但出于对异国友人的关爱和敬意，互赠“礼物”在文人们交往过程中占据着格外重要的地位。对于策彦周良来说，这些礼物在赠与回赠之间创造并强化了他在宁波当地的社会交往，增进了他与宁波文人的情感联系和工具联系。在对这些礼物背后的社会文化意义进行分析前，我们有必要对《初渡集》中所载的策彦周良与宁波文人来往的“礼物”和送礼的时间及方式进行梳理。①

<table>
<tr><th>送礼时间</th><th>赠礼者</th><th>赠礼</th><th>回礼时间</th><th>回礼者</th><th>回礼</th><th>备注</th></tr>
<tr><td rowspan="3">嘉靖十八年六月二十六日</td><td>谢国经</td><td>一柄扇、一方汗巾</td><td rowspan="3">当天下午</td><td rowspan="3">策彦周良</td><td>一柄倭扇</td><td rowspan="3">双方皆登门拜访</td></tr>
<tr><td>赵一夔</td><td>两册《汉隽》、一丸宝墨</td><td>一柄倭扇</td></tr>
<tr><td>赵一元</td><td>一丸金墨、一方青帕</td><td>一柄倭扇、一把小刀</td></tr>
<tr><td>六月二十九日</td><td>策彦周良</td><td>一柄倭扇</td><td>当场</td><td>范南冈</td><td>佳肴美酒</td><td>范笑迎</td></tr>
</table>

① 表格内容皆整理自策彦周良《初渡集》，收于《大日本佛教全书》，东京：讲谈社，1972.

（续表）

送礼时间	赠礼者	赠礼	回礼时间	回礼者	回礼	备注
七月四日	谢国经	一册《听雨纪谈》				
七月八日	赵一夔	诗、葡萄	七月十九日	策彦周良	答诗	赵通过宗桂赠送；策彦周良回礼后，至夜又收到赵氏兄弟的寄诗并一块朱墨
			七月二十八日	策彦周良	两首和韵、一贴美浓纸	遣从人
七月十八日	张古岩	一枚镇纸、五十炷线香	七月二十七日	策彦周良	三帖山口纸、一柄只金扇	
			当场	张古岩	酒席、四册《李白集》	
七月二十七日	策彦周良	两帖山口纸、一包胡椒	当场	张古岩之兄	两册《文锦》、一包紫金丹	
七月二十一日	策彦周良	诗、一柄只金扇、一帖美浓纸	当场	范南冈	佳肴美酒、即席而和、一方红帕	
七月二十二日	范南冈	盐菜、石耳				
七月二十六日	方梅厓	一幅詹仲和遗墨、一幅亲书的“观物华清”	当场	策彦周良	一柄只金扇	
七月二十八日	戴张钱三秀才	诗文	次日	策彦周良	答诗	
			闰七月二日	策彦周良	回访	
闰七月一日	柯雨窗	一首和韵诗、两册古文大全、一方小画	闰七月五日	策彦周良	酬诗	

（续表）

送礼时间	赠礼者	赠礼	回礼时间	回礼者	回礼	备注
闰七月二日	策彦周良	一首寄诗	当场	全仲山	茶果、天地图各一幅	全仲山之弟全季山出门笑迎
			当日		和诗	
闰七月四日	王惟东及其二侄	一方文皮香帕、两束清香、一帖苏州针、一匣徽墨	当场	策彦周良	招待煎茶和昆布	留三人在宗桂家用茶饭
闰七月六日	赵一夔	一首寄诗、桃果、豆芽	未明（十三日前）	策彦周良	和诗	赵派专人驰书
闰七月十三日	戴张钱三秀才	和诗	当场	策彦周良	昆布、梨、茶	
闰七月二十日	范南冈	二诗、一合石耳				
闰七月廿四日	策彦周良	回访	当场	王惟东	茶饭	王汝乔代为接待
闰七月廿六日	范南冈	驰书、一块冰糖				
闰七月廿五日	钱龙泉	两册《九华山志》、两封安息香、一丸墨、一个篦子	八月十六日	策彦周良	驰书感谢	
闰七月廿八日	柯雨窗	《怡斋赋》并图书	次日	策彦周良	回信	柯通过助太郎赠送
八月四日	策彦周良	回访、闻蛩有感之诗	当场	柯雨窗	即席而和、二两胡椒、一对黑管笔、一帖美浓纸	策彦周良携助太郎登门拜访

（续表）

<table>
<tr><th>送礼时间</th><th>赠礼者</th><th>赠礼</th><th>回礼时间</th><th>回礼者</th><th>回礼</th><th>备注</th></tr>
<tr><td>八月七日</td><td>策彦周良</td><td>一帖山口纸、二两胡椒、一对笔、一把小刀</td><td>当场</td><td>王惟东</td><td>茶饭</td><td>策彦周良携三英、宗桂回访</td></tr>
<tr><td rowspan="2">八月十一日</td><td rowspan="2">策彦周良</td><td rowspan="2">尺书</td><td>当日</td><td>范南冈</td><td>回字、一笼菱子</td><td></td></tr>
<tr><td>八月十六日</td><td>策彦周良</td><td>驰书感谢</td><td></td></tr>
<tr><td>八月十二日</td><td>陆明德</td><td>两对毛笔、四十炷京香</td><td></td><td></td><td></td><td></td></tr>
<tr><td rowspan="3">八月十三日</td><td>柯雨窗</td><td>一幅画</td><td>八月十六日</td><td>策彦周良</td><td>驰书感谢</td><td rowspan="3">柯偕同周、卢、范前来拜访</td></tr>
<tr><td>周莲湖</td><td>一册《升菴诗稿》</td><td></td><td></td><td></td></tr>
<tr><td>卢月渔</td><td>一方绫帕</td><td></td><td></td><td></td></tr>
<tr><td>八月十七日</td><td>骆邦翰</td><td>两柄扇子（一柄上书“鱼”字，另一柄撒金黑骨）</td><td>八月十八日</td><td>策彦周良</td><td>一柄黄丽扇、一丁奈良墨</td><td></td></tr>
<tr><td>八月二十日</td><td>方梅厓</td><td>字画各一幅</td><td>八月二十四日</td><td>策彦周良</td><td>驰书夸奖其书法成就</td><td></td></tr>
<tr><td>八月二十一日</td><td>策彦周良</td><td>一方画、一丁墨</td><td>当场</td><td>柯雨窗</td><td>茶饭</td><td></td></tr>
<tr><td>八月二十日</td><td>策彦周良</td><td>一帖纸、一对笔</td><td>当场</td><td>周莲湖</td><td>茶果</td><td>受周邀请</td></tr>
<tr><td>八月二十二日</td><td>金南石</td><td>两册《文章轨范》、两幅诗轴</td><td></td><td></td><td></td><td>三英代策彦周良接待</td></tr>
<tr><td>十月五日</td><td>策彦周良</td><td>出书驰书相邀</td><td>十月七日</td><td>柯雨窗</td><td>驰折简、诗并糕</td><td></td></tr>
</table>

（续表）

送礼时间	赠礼者	赠礼	回礼时间	回礼者	回礼	备注
十月九日	策彦周良	一把粗扇、一帖薄纸	十月十日	柯雨窗	帮助策彦周良求取文字	
十月十二日	策彦周良	一柄黄丽扇、一帖美浓纸、一封短简	当日	丰坊	《城西联句序》	
嘉靖十九年九月二十六日	柯雨窗	中秋之作	当日	策彦周良	裁答	柯又有回帖
九月二十九日	策彦周良	拜访	当场	柯雨窗	茶饭	
十月二日	策彦周良	一帖山口杉原、一包胡椒	当场	卢月渔	茶酒	
十月二十三日	方梅厓	东坡古迹并诗与书	十月二十四日	策彦周良	遣短书	
			十一月六日	策彦周良	一柄两金扇、一包胡椒	策彦周良携即休、三英登门拜访
			当场	方梅厓	招待酒肴	
嘉靖二十年正月二十七日	策彦周良	一柄扇、两方周得所摹之画、一帖美浓纸、亲持的两金扇	当场	方梅厓	陈肴行酒、手书“谦庵雨云”四大字并山谷一文	惠方长子以画一方、牛玉丸一具，惠其次子以山口纸半帖，惠其三子以纸半帖
二月一日	策彦周良	短书并漫稿	二月三日	方梅厓	墨迹数枚	
二月三日	柯雨窗	《衣锦荣归诗序》草案	二月四日	策彦周良	两柄粗扇、一贝苏香圆及一帖美浓纸、一帖山口纸	策彦周良同正使登门拜谒

(续表)

送礼时间	赠礼者	赠礼	回礼时间	回礼者	回礼	备注
二月五日	策彦周良	短书	当日	柯雨窗	回帖	
二月六日	策彦周良	短书	二月七日	柯雨窗	回字	
二月二十日	柯雨窗	短书	二月二十一日	策彦周良	短书	
二月二十一日	方梅厓	《送行文序诗章》之册页附短书	二月二十五日	策彦周良	短书、两柄只金扇	
二月二十三日	策彦周良	短书	当日	柯雨窗	回字	
二月二十九日	柯雨窗	《送行文序诗章》	三月五日	策彦周良	短书、一柄扇、六枚桂辨打昙、二帖美浓纸、一个枕箱、一方得上司画	
三月五日	方梅山(方梅厓之子)	一方古画并笔架				
三月六日	策彦周良	两方得上司小画、一帖美浓纸、一贝苏香圆				以问候倪畏庵
四月十二日	方梅厓	“迎春西樵”之字				
	施大人	一个镂钿小箱子	四月十九日	策彦周良	一帖山口纸、牛黄元贝、一个小刀子	由柯雨窗引见,策彦周良出门迎接
四月十九日	策彦周良	一贝苏香圆、一首小诗				访柯雨窗

此后,《初渡集》中不再见策彦周良与宁波文人的来往活动。直至嘉靖二十年五月二十日,贡使团一行启程归国,策彦周良初次出使期间在宁波的行程正式结束。

如上所述,通过对策彦周良与宁波文人在嘉靖十八年(1539)至二十年(1541)的来往记录的梳理和归纳,可知策彦周良在《初渡集》中总共详细记载了以上七十余条该阶段的礼物往还情况。双方相互馈赠的礼物种类相当广泛,大致涉及以下几种类型。

书籍,包括宁波文人主动馈赠的日常读物和被策彦周良委托购买的。前者先后有赵一夔《汉隽》、谢国经《听雨纪谈》、张古岩《李白集》、张之兄《文锦》、柯雨窗《古文大全》、钱龙泉《九华山志》、柯雨窗《怡斋赋》、周莲湖《升菴诗稿》、金南石《文章轨范》;后者有托三秀才购买的《三场文海》《皇朝类苑》《东坡志林》《山谷刀笔》等。策彦周良曾对三秀才反复强调所购之书必须保证质量并以质量定价。

字画,包括书画作品(含古人墨迹和赠送者本人作品)和题赞序跋(含主动赠送和策彦周良求取的)。方梅厓、詹仲和遗墨与其亲书的"观物华清"各一幅、《城西联句》书名(及"西山草堂"和"怡斋"六字)、使节随员六人之号、"怡斋"字、一幅葡萄画、两幅"梅"字、《文献通考》书名;柯雨窗一方小画、所诺之画一幅、赞策彦周良像、《衣锦荣归诗序》、《送行文序诗章》;丰坊《城西联句序》。这里值得注意的有两点。一是在《初渡集》中这一类别的礼物只见宁波文人赠予策彦周良字画作品,却难见策彦周良回赠自己的作品。实际上,策彦周良亦善书画,尤其是书法,并有不少作品存世。二是只有方梅厓、柯雨窗二人曾主动将自己的书画手迹惠赠给策彦周良,而其他与策彦周良交好的宁波文人都不曾有此举动。其中一种可能是这些与策彦周良有过来往的宁波文人中只有方梅厓和柯雨窗擅长书法和绘画,并且这二人对自己的作品有种充分的自信,而其他人则未必长于此道,于是不曾赠送本人墨迹而改赠其他书画相关的物品,比如策彦周良曾多次提到的墨和香。

物品。这其中品类最为丰富,尚可再细分如下:文具、丝织品、食物等。由于这一方面的礼物较多而杂,下将以品类和流动方向两个加以分类。

宁波文人赠予策彦周良:

文具:赵一夔一丸宝墨、赵一元一丸金墨、张古岩一枚镇纸和五十炷线香、赵氏兄弟一块朱墨、王惟东两束清香和一匣徽墨、钱龙泉两封安息香和一丸墨、柯雨窗一对黑管笔合一帖浓纸、陆明德两对毛笔和四十炷京香。可见宁波文人赠给策彦周良的文具基本上是墨和香这两种物品。墨是文人日常书法绘画的必用之物,如再细分,宁波文人所赠之墨有“宝墨”“金墨”“朱墨”“徽墨”等,而香也是当时文人在书房居室中营造高雅独特氛围的不可或缺之物,亦有“线香”“清香”“安息香”“京香”之分。

丝织品:赵一夔一方汗巾、赵一元一方青帕、范南冈一方红帕、王惟东一方文皮香帕、卢月渔绫帕一方。

食物:第一类是宴席之上的佳肴美酒、佳茗。第二类是遣人赠送的果蔬,赵一夔葡萄、范南冈盐菜和石耳、赵一夔桃果和豆芽、范南冈一块冰糖、柯雨窗二两胡椒、范南冈一笼菱子、柯雨窗饯别糕。这些都是宁波文人日常食用的夏季当季果蔬,新鲜又消暑。

此外,还有一些难以归类的物品。谢国经一柄扇、张古岩之兄一包紫金丹、全仲山天地图、王惟东一帖苏州针、钱龙泉一个篦子、骆邦翰两柄扇子(一柄上书“鱼”字,另一柄撒金黑骨)。

策彦周良赠予宁波文人:

从策彦周良的记录可知,策彦周良赠予宁波文人的礼物大多是一些日本产的手工业品,主要是扇子和文具用品。倭扇(粗扇、只金扇、两金扇、黄丽扇、亲持两金扇)、小刀、纸(美浓纸、山口纸、白楮、薄纸)、毛笔、奈良墨。另外,日本特产有时也成为附送之物,如日本酒、煎茶、昆布、苏香圆等。经统计,策彦周良在宁波共送出倭扇 17 柄、小刀 3 把、纸 19 帖、笔 2 对、墨 2 丁、胡椒 5 包(两)、苏香圆 3 贝。

以上几种皆以物质实体的形态出现在《初渡集》中,它们作为礼物的意义是“使用”它们本身。相较于这些书籍、字画或物品,在策彦周良与宁波文人的交往过程中,有一种特殊的非物质形态的“礼物”出现得更为频繁而广泛,那便是诗文。诗文的赠送带有一定的礼仪性质,文人交往礼尚往来必有诗。在《初渡集》中,双方往来的诗文便包括唱和诗和饯行诗,而唱和诗又包括在宴会上即席而和的与私下通过尺书传递的,后者为主。

三、赠与回赠之间

（一）礼物的功能

中国是礼制秩序格局，在这种格局中，“社会关系是逐渐从一个一个人推出去的，是私人联系的增加，社会范围是一根根私人联系所构成的网络”。① 中国人注重建立各种人际关系，追求把能纳入的人拉入自己的圈子内，以编织自己的关系网络。这对中国古代文人来说有着更为特殊的意义。“趋利好名苟德为志者，于士人犹踵见焉”，大多数中国古代文人无论是立德还是立功，都以提高声名地位为人生的核心目标。他们的社会交往以此为动机展开，“总体而言仍是追逐声名的自我包装、自我推销、自我待价而沽”，在社交活动中累积自己的社会资本。② 而礼物恰恰是编织和维持社交网络所需的那一根根丝线。

人类学者认为，“礼物”是传统社会中人与人之间关系的物化表现，“礼字本身就是人们之间联系的文化规则，它表达着人际交往的社会构成原理”。③ 礼物之所以为礼物，是因为“物”在按“礼”的规范流动的过程中被赋予了社会意义，获得了社会生命。从本质上说，礼物流动的过程，与其说是礼物本身的流通，不如说是礼物所蕴含着文化和社会意义在交换对象之间的流通。阎云翔将礼物交换视为一种塑造、巩固并深化彼此关系的文化机制。正如萨林斯在《石器时代的经济学》中写道的：“实物流动和人际关系之间的联系是相互的。”④如果说朋友创造出礼物，那么礼物也创造了朋友。礼物成了一种交际手段，以礼物为媒介，人们共同分享礼物所承载的意义，寻找认同与共鸣、传达美好情愫的同时开始构建某种社会关系。⑤ 通过礼物的馈赠往还，某种信任关系或者说认同关系得以产生。策彦周良抵达宁波后，与宁波文人交往活动的展开和良好关系的结成便是从互赠礼物开始的。《初渡集》所载礼物之往来的动机及其产生的结果，以一言

---

① 费孝通.乡土中国：生育制度[M].北京：北京大学出版社，1998：30.

② 徐林.明代中晚期江南社会交往研究[M].上海：上海古籍出版社，2006：8.

③ 阎云翔.礼物的流动：一个村庄中的互惠原则与社会网络[M].李放春，刘瑜，等译.上海：上海人民出版社，2000：95.

④ 萨林斯.石器时代的经济学[M].张经纬，等译.北京：生活·读书·新知三联书店，2009：186.

⑤ 闫伊默.“礼物”：仪式传播与认同[J].国际新闻界，2009(4)：47.

蔽之，即形成、维系和加深策彦周良与宁波文人之间的社交网络。

宁波文人与策彦周良对彼此的交往都十分主动，热情满溢。先看宁波文人一侧。其实早在策彦周良抵达宁波前，宁波文人就已通过策彦周良之诗对他有了初步的了解。作为五山禅僧的策彦周良精通中国诗文，汉学修养非常高。因此，有些文人还未见其人，就先闻其诗，既感慨又佩服，渴望能有机会与之交往。

《初渡集》中最先与策彦周良交往的宁波文人谢国经和赵氏兄弟出现的时间是在宁波当地政府对日本使者的活动有所放开后不久。在抵达宁波以来，策彦周良一行的日常生活包括外出活动、与中方人员的接触方面等都受到严格的限制。经过策彦周良的屡次抗议与争取，使团官员终于进入宁波一个月后即嘉靖十八年六月二十三日获得了外出活动的权力。而就在第三天，就有第一组宁波文人第一时间前来拜访了策彦周良，从而拉开了策彦周良与宁波文人交往的序幕。可见宁波文人不仅拥有获取日本来客信息的畅通渠道，而且他们希望与日使建立联系的迫切心态也十分明显。

再以柯雨窗为例。柯雨窗是策彦周良在《初渡集》中记载的他在宁波交往最为亲密的宁波文人。在两人相识前，柯雨窗先驰书通音问，寄贻和韵之诗，并惠以古籍和自绘新画，毫不掩饰主动交往的期许。两人结识后，柯雨窗更是频繁逞其诗画之长不时向策彦周良奉上新作。

另有张古岩、方梅厓、戴张钱、三秀才、王惟东都是主动拜谒策彦周良并向其馈赠礼物的宁波文人。

有些人为了与策彦周良结识，不惜辗转通过前一类人绍介给策彦周良认识，如黄南原经赵一夔而来，周莲湖、卢月渔经柯雨窗而来。在礼物多次的赠与回赠过程中，双方的关系网开始构建起来。在策彦周良一侧，更是不失时机地广泛接触宁波文人，以广交名士为荣。“凡有来访，一概以礼相待，及时回访，赠送、回赠礼物，凡有书简，无不回复；对于个别学养名望卓著者，策彦周良千方百计求见结识”。[①] 策彦周良曾多次通过柯雨窗打探久负盛名的丰坊的情况，只求丰坊能为其《城西联句》作序跋。在策彦周良来看，求得明代文人的序跋，对于其著述应是

---

① 范金民.从《入明记》看明代嘉靖年间日本使者与浙江士人的交游活动[J].史林，2013(3)：65.

一种最高的首肯之一。

根据馈赠目的和社会关系的差异，可分为表达性礼物和工具性礼物两种。表达性礼物以交换本身为目的，反映送礼人和受礼人之间长期形成的社会关系，而工具性礼物则是以功利的目的为特征。①《初渡集》所记录的礼物馈赠往来大多是这种表达性礼物。表达性的礼物在双方的社会关系中长期流动，追求的不是礼物本身，而是通过礼物培养和凝聚起来的关系网络。因此，策彦周良与宁波文人通过礼物馈赠往还得到的更多的是象征性的物品回馈带来的双方之间情感上的回报。值得注意的是，《初渡集》中其实也记载了两则工具性礼物的个案。

其一是嘉靖十八年八月十二日条，四明陆明德来谒，并给策彦周良送上了两对毛笔和四十炷京香。这位与策彦周良素不相识的陆明德亲自登门求见策彦周良，并且还送了不薄的礼物，是为了打探其岳父袁琎的归国一事。嘉靖二年的“争贡之役”中，不仅日本两个朝贡使团相互残杀，还殃及池鱼，使宁波至绍兴一带的许多民众无辜遭殃。嘉靖二年五月，宗设一党劫持时任宁波卫指挥的袁琎“夺舟越关而遁”。此后，袁琎归国事件一直悬而未解。陆明德此行多半是想通过送礼获得作为日本使者的策彦周良的帮助，是带有功利目的的礼物。对于这份礼物，策彦周良没有进行回礼，陆明德所求之事也不了了之。

其二是策彦周良向丰坊求取《城西联句》的序跋一事。在入明之前，策彦周良就已经锁定要请宁波著名文人丰坊为其联句作序，但是他能与丰坊产生联系的唯一途径就是通过丰坊的门生、已经与策彦周良结识的柯雨窗。据《初渡集》嘉靖十八年十月九日条，策彦周良与柯雨窗书，再申求丰坊作序之意。因考虑到此事仍需劳烦柯雨窗，策彦周良特地以粗扇一把、薄纸一帖相送。策彦周良如愿以偿后，又通过送礼的方式回报了丰坊作为“局外人的帮助”。这种工具性礼物可能成为长期性社会关系，也可能向表达性礼物馈赠转换，这在策彦周良与丰坊此后的交往中得到了印证。

（二）礼物的背后

礼物互赠不是“物品”的相互机械交换，而是人的情感获此媒介得以抒发和

---

① 王铭之.流动的礼物[N].文汇报,2001-4-7(10).

沟通并被对方理解与接受,这里的礼意指“仪式、礼节以及某种文化背景下价值理念的礼仪性表达”。① “礼”作为儒家的基本概念在传统中国文化中扮演了一个核心性的角色,并为人们在日常生活中的行为提供了一套规范法则。理论上,一个人应根据礼的要求来调整自己的一举一动,包括礼物的往来。一套礼物交换的礼仪原则被确定下来,对赠礼、收礼和回礼流程进行规范,使人际关系中的礼物流动遵循动态平衡的规则。这些规范是社会文化的产物,表征着礼物所凝聚的社会关系。

根据上文对宁波文人与策彦周良来往的礼物种类的简要介绍,可以发现“宁波文人赠予策彦周良的都是他们在日常生活中热衷收藏和经常使用的物品,这说明他们对来自日本的知识人既尊重,又怀有一种无分彼此的亲密情感”。② 这种礼物流动的背后是宁波文人所处的文化环境和时代风尚。对他们而言,送礼的原因、种类甚至方式、场合都是有某种特定意义的。如果不了解这些“传统”,我们就无法真正理解宁波文人选定这些物品作为礼物馈赠给日使策彦周良的理由。

策彦周良在考虑回赠之礼时,同样也选择了对他本人和对方来说都具有文化甚至是精神追求意义的礼物。篇幅所限,下面仅以《初渡集》所载之最“特殊”的礼物——赠答诗为例,窥探出赠答诗之于文人交际的意义,窥见存在于明代文人与日本使者之间独特的文化“小传统”和相互激赏的文化生态。

赠答诗从诞生起便是“可以群”的媒介之一,并且这种人际交往功能在文人的切磋中不断得到普及和强化。③ 一组完整的赠答诗至少包括三个阶段:赠诗者写诗赠予他人、受赠对象收到赠诗并写作答诗、原赠诗者收到回复的答诗。若原赠诗者阅读答诗时,情感再次触动,则将开启第二轮赠答。④ 是什么维系支撑这种回环延续下去?礼尚往来。“礼”意味着礼节、仪式、规范和礼物;“尚”意味着支持或提倡;“往来”指的是来和去,或相互作用。礼物交换的“往来”关涉人之

---

① 闫伊默.“礼物”:仪式传播与认同[J].国际新闻界,2009(4):46.

② 朱莉丽.日本遣明使笔下的江南城市生活——以对文人生活的刻画为中心[J].东岳论丛,2013(7):93.

③ 庞明启.诗债:诗歌赠酬之风的一个考察向度[J].北京社会科学,2015(12):32.

④ 陈露.赠答诗:一种艺术的交往符号[D].暨南大学,2012,47.

德性品格，实乃人生之大事，“往而不来”“来而不往”都是“非礼”的行为。按照“礼”的规定，人们的日常生产生活必须按照相应的程序和仪式进行，相沿成习，人们在潜意识中形成与人交往须遵循“有赠必有答”的概念。因此，收受赠诗后必有酬答诗回赠，否则会被诟病为缺少礼数。

赠答诗的这种礼仪性质，无疑反映了古人的一种人文价值观念。它不仅是礼尚往来的社会需要，也是文人墨客这一群体的存在姿态。在“赠”与“答”之间，文人的思想、情感不断在彼此间传递、交流，人际交往频度不断增强，人际关系日益紧密，从而成为有别于其他日常交流的艺术交往过程。在《初渡集》中，与策彦周良有过诗文赠答的宁波文人有赵氏兄弟、三秀才、范南冈、柯雨窗、方梅厓等，其中与柯雨窗的酬唱达二十余次。在诗文的你来我往中，策彦周良与宁波文人的人际关系“不断处在亏欠与补偿的互动中，形成一种不能轻易满足的情感要求和斩不断的情感纠葛”。[①] 同时，作为社交活动的产物，文人之间的赠答诗往往以赞颂推崇对方为主要内容。比如，策彦周良初次拜访全仲山，便在赠诗中称其为“风流儒雅君子”；收到柯雨窗的诗书画，便大加赞赏，称为“三绝”，自己则是“仰慕惟深”；称颂方梅厓的书法“铁画银钩冠大明，犹有郑虔三绝在”，而且其为人“和气温然，如春在花”，是名不虚传的名士；倪畏庵赋诗称策彦周良为“日本公一人”，不禁让策彦周良感慨此“实荣又荣”；丰坊为策彦周良《城西联句》作序称：“吾今观公之诗，言近而指远，词约而思深，写难状之景，如在目前，含不尽之意，见于言外，诚理蕴于心，而嘉言孔彰，炳炳琅琅，焜耀于后世者也。”[②]双方可谓随处表露仰慕、钦敬之意，但恐有奉承之意。

馈赠礼物或回赠礼物都是一件既复杂又简单的事情。复杂性体现在它不仅要符合赠礼者和收礼者所处的社会文化环境下的规则和礼数，还要考虑到礼物交换双方的特性与喜好，做到投其所好。但是送礼同时又可以十分纯粹与简单，因为人们希望通过礼物所实现的就是将自己的感情传达给对方，以维系双方的关系，所以只要礼物的选择、送礼的场合合乎人情，就不会犯错。

人有新旧，其情一也。在中国传统社会的交换体系中，人情是另一个重要的

---

① 庞明启.诗债：诗歌赠酬之风的一个考察向度[J].北京社会科学，2015(12)：33.

② 刘恒武.15—16世纪宁波文人与日本遣明使之间的书画交流[J].文博，2008(4)：78.

核心概念。“人情是指导着人们进行礼物流动的一套社会规范和道德义务,这些规范和义务要求一个人与关系网中的其他人保持联系,介入礼物、问候、访问和帮助的互换。”①人们需要明了交换情境,根据人情伦理及以往的相互关系来送礼,馈赠的礼物既要有分量又要能体现送礼者的诚心和诚意。收到礼物后,人们还需遵循一定的方式来回礼,特别应注意避免把回礼视作还债来处理。礼物交换区别于物物交易的重要特征就在于礼物交换存在一定的时间差。因此回礼要及时但又不可太及时,只有拖一段时间才可使一方处于“欠债”或“欠情”的状态,②以便形成一种比较稳定的人际交往模式。所回之礼一般应与所受之礼的价值相当,不可过轻,也不可过重。最通常的方式就是略增回礼的价值,增量回礼才能将“欠情”转移给对方。只有不完全理清双方礼物交换的往来“账目”,人情才能在这种暂时的不对等性中得以延续,人们才能长久地保持与他人的积极来往。正如布迪厄指出的:“在任何一个社会中,如果不想造成侮辱,回礼必须有所不同,因为立即回送完全相同的物品显然等于是一种拒绝。”③如果不回礼或者回礼仅仅与原礼相当,这段关系都会有终止的可能。人际关系的情感与礼物的流动存在着双向动态的关系,一方面,“礼物馈赠在维持、再生产及改造人际关系方面扮演着重要的角色”,④另一方面,人情轻重决定了礼物馈赠的种类、数量及方式。

据《初渡集》的礼物往还记录,⑤可以发现凡是向策彦周良馈赠过礼物的宁波文人都收到了策彦周良的回礼,而收到策彦周良的回礼后,大多宁波文人又再次进行了对“回礼”的还礼。除了可被视为对礼物的即刻回报的酒席、茶饭外,回礼一般都距送礼有着几小时至几天不等的“拖延”时间。对于所受之礼的贵重程度以及策彦周良对宁波文人关系的亲密程度的不同,策彦周良在进行回礼时所选择的回礼的种类和数量也不尽相同。

---

① 阎云翔.礼物的流动:一个村庄中的互惠原则与社会网络[M].李放春,刘瑜,等译.上海:上海人民出版社,2000:119.

② 朱东丽.礼尚往来的心理解读[J].商业时代,2010(6):144.

③ 阎云翔.礼物的流动:一个村庄中的互惠原则与社会网络[M].李放春,刘瑜,等译.上海:上海人民出版社,2000:124.

④ 潘泽泉.实践中流动的关系:一种分析视角[J].社会学研究,2005(3):223.

⑤ 亦可见附录(《初渡集》所见宁波文人与策彦周良礼物往还表)。

以策彦周良最常用作赠礼或回礼的扇子为例。策彦周良所提到的扇子当属折扇，起源于日本。北宋中期，折扇传入中国，并随着中日贸易的发展，至明代成为文人的身份标榜，演变成用于社会交际的时尚之物。在文人的交往应酬中，折扇尤其是书扇作为友谊和尊敬的象征，已成为最常互相馈赠的礼物。尤其是金笺扇面，因其品高价贵，更为文人所推重。但是折扇亦有等级之分，在《初渡集》中大致出现了粗扇、倭扇、黄丽扇、只金扇、两金扇几类。针对不同的对象、不同的赠礼，策彦周良回赠了不同等级、不同数量的折扇。策彦周良曾分别赠给张古岩、范南冈、方梅厓一柄只金扇，但是在收到方梅厓所书《送行文序诗章》后，策彦周良答以两柄只金扇。收到方梅厓东坡古迹并诗与书后报以一柄两金扇，后来甚至把自己亲持的两金扇回赠给了方梅厓。同时，方梅厓也是与策彦周良交往过程中获赠扇子最多的宁波文人，共收到六柄折扇，占策彦周良所赠扇子总数的近三分之一，其中只金扇四柄，两金扇两柄。这无不体现了人情伦理在双方礼物流动过程中所起到的关键作用。

四、结语

策彦周良初次来华发生在“争贡之役”后不久，明朝政府层面仍心存芥蒂，对日使多加防范。从策彦周良在《初渡集》中所记的内容和篇幅来看，虽然明朝官员对策彦周良多持敬而远之的态度，进京沿途的文人士大夫也没有和他产生很多的接触，但是宁波作为明朝对外交流的窗口，当地文人的好奇心和包容性比内陆城市的文人或其他阶层人士更为强烈。因此，凭借日本遣明使这一身份，策彦周良得以与宁波文人产生了广泛的联系。一面是宁波文人出于激扬个人声名地位的目的而主动与外国使者结识的迫切心态，另一面是策彦周良为求得高品质的书画、序跋等而对宁波文人作出的积极回应。双方在沟通交往、加深情谊的过程中，礼物起到了重要的媒介作用，送礼的过程就是创造关系、发展友谊的过程。

综上所述，策彦周良在宁波停留期间与当地文人们展开全方位的交流活动伴随着频繁的礼物馈赠往还，本文就《初渡集》中双方交换的礼物及态度作了简单的介绍与分类。但是，从本质上讲，维系策彦周良与宁波文人友谊及双方共同所编织的社交网络的不是礼物之“物”本身，而是这些礼物所承载的“礼”，即礼物所蕴含的社会文化与人情伦理。在赠礼与回礼前，交往双方根据“礼”的法则挑选了符合受礼方心理的不同种类、不同规格的礼物,并选择适当的时机进行了礼物的交换行为,以表达自己给予对方的情感,从而达到自己的“终极目的”。值得注意的是,策彦周良入明时,明朝的国力早已不能与“万国来朝”的汉唐时期相提并论,日本谋求政治、文化上平等地位的心态显而易见,因此策彦周良在与宁波文人的交往过程中尤其注重礼仪上的对等。

永嘉格局与西晋崩溃的关系探析

学生　董诚皓　　指导教师　陈永谱

摘要:西晋末年,中原地区因八王之乱的爆发而遭受了重大损失,随后的永嘉之乱则将西晋推向了崩溃的边缘。盘踞于巴蜀地区,由氐族李氏所建立的成政权不断对梁、宁诸州构成威胁。匈奴所建立的汉国则更为晋王朝的腹心之患并且多次对京师发起直接冲击,如何化解面前的死局成为西晋执政首先要考虑的问题。永嘉之乱的爆发并非瞬间将西晋击垮,但虽有诸宗室、大臣的部署以及策划,汉国还是于永嘉五年陷洛阳,随后继立的长安政权也在建兴四年实质上结束,从此开始了中国历史上长达数百年的大分裂时期。

关键词:西晋　永嘉　混乱　宗室

八王之乱给最终的胜利者司马越留下了一个残破不堪的局面。面对国内的混乱、边境的冲突以及外族的威胁,西晋的宗室、重臣不断采取策略试图加以解决,但这些策略并未改变西晋灭亡的命运。本文从军事以及局势的角度出发,分析永嘉之乱后西晋的政治格局及其发展过程,对永嘉格局的崩坏加以探讨。

一、宗室

光熙元年,司马越平定关中,杀司马颙,八王之乱结束。与此同时,李成依靠流民的力量于巴蜀新立、江东陈敏之乱未弥、匈奴在黄土高原附近日益坐大,司马越面临的局势十分棘手。但需注意的是,刘渊此时尚未得到石勒、王弥的加入,其力量与之后殊异。刘琨已在刘舆的支持下出镇并州,"为北面之重",此时尚在道中。而刘琨即便到任,面前也只有一片破败的废墟,不能立即对匈奴起到压制作用。永嘉元年,高密王司马略、南阳王司马模、东燕王司马腾分别出镇襄阳、长安、邺,以为京师藩屏,宗室力量此时依旧强大。但是司马腾不久因轻敌而在与汲桑的交战中身亡,军事重镇邺随之而覆,最终由苟晞大破汲桑才保证了一方安全。司马模、司马略对于整体的战局所给予的支持也十分有限。《晋书·孟观传》写道:“氐帅齐万年反于关中,众数十万,诸将覆败相继。中书令陈准、监张华,以赵、梁诸王在关中,雍容贵戚,进不贪功,退不惧罪,士卒虽众,不为之用,周处丧败,职此之由,上下离心,难以胜敌。”①

《晋书·司马腾传》在写到司马腾败亡时也有类似的记载:“初,邺中虽府库虚竭,而腾资用甚饶。性俭啬,无所振惠,临急,乃赐将士米可数升,帛各丈尺,是以人不为用,遂致于祸。”②可见这种颓风在皇族间十分普遍,这也极大地削弱了宗室的战斗力。司马越在惠帝暴崩后拥立怀帝,又诛杀阴谏自己为不臣之事、又身为自己亲戚的周穆、诸葛玫,以表对新君的忠诚,却在怀帝“观览大政、留心庶事”之后“不悦”而求出镇许昌,其原先树立的忠君形象已然受损。在与司马颙交战时期曾拒绝了刘弘共同“息兵拒夷”的请求,在杀清河王司马覃、大肆诛除帝党等举动后,司马越的威望又削损很多。由此看来,司马越为晋室尽死节的想法显然不可能。然而,司马越的才能也不足以保全自己,更无法兼济天下。在苟晞屡建大勋后,两人关系又因司马越的猜忌而出现裂痕,司马越更加孤立。永嘉五年十一月,在内受忌于帝,外有石勒侵逼的危难状况下,司马越将所有四万甲士以及名将劲卒、朝廷素望尽数带往许昌以图自保,不久忧愤成疾而死。

然而事情远未结束,这支以司马越为帅的军队几乎是洛阳的全部希望。司马越临终时以后事托付王衍。这时诸将的处境十分微妙,王衍不敢接任主帅而让与襄阳王司马范,司马范同样不受,于是一军在惶恐与不安中“奉越丧还葬东海”。③ 很显然这只是王衍等为远离汉国军队的威胁而找出的理由,不久,部众便被石勒用轻骑追及,最终全军覆没,怀帝在东方的最大希望也随之破灭。

---

① 房玄龄等.晋书·孟观传[M].北京:中华书局.

② 房玄龄等.晋书·司马腾传[M].北京:中华书局.

③ 司马光.资治通鉴·永嘉五年(311)夏四月条[M].北京:中华书局.

二、局势

晋、汉前线

在永嘉五年刘曜陷洛阳之前,汉国曾对洛阳发起过数次大规模的进攻,这几次冲击或败或撤,并未完全拿下目标,但已然将洛阳置于一个极端孤立的状态。[①] 周馥、荀晞都曾提出过迁都的方案,然而最终因内斗、混乱而作罢。

在八王之乱时期,成都、东海两王间的争斗已经为日后的局面埋下伏笔。《晋书·刘元海载记》中道:"(司马)颖悦,拜元海为北单于,参丞相军事。元海至左国城,刘宣等上大单于之号,二旬之间,众已五万。"[②]及司马颖被王浚击溃,刘渊正式率部建汉并与司马越对抗。

晋王室一直试图用鲜卑制衡匈奴,而鲜卑氏族也对汉国的势力起到很大的冲击作用。从石勒"素畏鲜卑"(《晋书·邵续传》)这点来看,鲜卑军确实有很强的战斗力。[③] 但是对于异族的倚杖使得晋军关于自身的建设相对忽略,也让诸宗室、将领无法完全控御鲜卑除与刘、石交战以外的其他行动,因而在一些问题上显得软弱无力。

刘琨的遭遇便是一个鲜明的例证:刘琨接收猗卢军队后进攻石勒中伏,一军皆没,刘琨被迫投奔段匹磾,最终因受猜忌而遇害。对于台辅重臣无端被戮的重大事件,朝廷的态度竟是"以匹磾尚强,当为国讨石勒,不举琨哀"。[④] 直到建武三年这件事才由刘琨故吏的努力得到官方的处理。

诚然,过度依赖他方势力为晋室留下了很大的隐患,但鲜卑兵在前期对于晋兵的帮助还是十分重要的。

并州的战略地位在整个战局中极为重要,刘琨成功立足后对刘渊产生了一定的震慑,但因为刘琨自身的性格弱点,以及错杀重臣致部下投敌等失误,使得刘琨难以长期稳定地保有并州。张轨据有凉州广袤之地,对于晋氏也是一片忠

---

① 永嘉五年刘曜破洛前汉对洛阳冲击共两次。其一于永嘉三年八月,刘聪袭晋阳不克,长驱而攻洛阳,败归。其二于同年十月,汉众将入洛川后分兵,这一次的威胁极大,石勒在南方几乎未遇到强有力的抵抗,直至汉第三次攻洛方返。

② 房玄龄等.晋书·刘元海载记[M].北京:中华书局.

③ 房玄龄等.晋书·邵续传[M].北京:中华书局.

④ 房玄龄等.晋书·刘琨传[M].北京:中华书局.

心。其麾下的凉州骑曾多次驰援京师协助防务,也向司州运输了大量物资,对战局起到很大的积极作用,但这只是杯水车薪。王浚也被剿灭。最终,随着王浚、刘琨、段匹磾、李矩、邵续等军队被逐个扫除,晋室彻底失去了华北大片地区的控制权。

江南

江南地区自孙吴以来士族的力量愈发强大,门阀的雏形初步生成,各名门望族均实力不凡,甚至养有自己的军队。在晋武帝平吴之后,为安抚人心也给予了江南特别的优待。但毕竟"亡国奴"名号已在,各门阀的身份不如前时,多少抱有一定的不平心态。在中原的混战开始后,朝廷的威望与时俱损,更难以有效地调配江南的资源。

元帝始出镇建业时,《晋书·王导传》中曾记载:"会三月上巳,帝亲观禊,乘肩舆,具威仪,敦、导及诸名胜皆骑从。吴人纪瞻、顾荣,皆江南之望,窃觇之,见其如此,咸惊惧,乃相率拜于道左。"①

虽然不能确定这段记录的真实性,《通鉴》中也并未记载同上,但可以明确的是当永嘉之乱爆发时,王室仍然在试图得到江南的支持。以各大族的势力足以给洛阳强有力的援助,只是其多持观望态度而已。司马睿即便在江东稳住脚跟后,也并未显示出其对中原局势不断恶化的焦急心理。《晋书·元帝纪》提到:"及西都不守,帝出师露次,躬擐甲胄,移檄四方,征天下之兵,克日进讨",②说明并未真正进军。司马光在编修《资治通鉴》时将该事与杀淳于伯一事合而叙之以暗讽,看得出江南的自守心态。

流民

大量流民所带来的混乱一直是历代王朝的一个棘手问题,西晋同样如此,在承受了大范围天灾的重创后,流民问题显得尤为严重。东晋立国也曾采取过对流民入境的限制措施以避免混乱,不过这不在本文语及范围内。李氏依靠流民的力量据有益州,其周边区域的流民又屡屡作乱,这使晋室不得不分出力量加以收拾,无疑给了成汉扩张的机会。在北方,大量居无定所的流民也成了汉势力的

① 房玄龄等.晋书·王导传[M].北京:中华书局.

② 房玄龄等.晋书·元帝纪[M].北京:中华书局.

一大补充,在其推进中无疑助长了汉的势力。虽然大量的流民对于东晋立足江左而言意义重大,他们对西晋的影响显得弊大于利。

三、结语

综上所述,永嘉局势本可在晋室王侯将相的努力下得以缓解,而非一发而不可收,但化解危局的机会在西晋执剑人间的互相争斗攻讦间,在被沿袭下的风气引向歧途时一次次流失。不论是世风的陵迟还是政治、军事上的失败,都对土崩的局面产生了推动作用,也同样为后世鸣响了警钟。

教师点评:

西晋国祚极短,除夺权手段不能服众、贸然采用分封制度、政权接替人出现问题外,还有严重的外患——少数民族的冲击对这个立国不稳的中原王朝产生了严重的威胁。作者认为,西晋末年的"八王之乱"内讧虽然直接耗掉了王朝的实力,但当时的局面并非不可收拾。虽然历史不能"假设",但是对历史材料重新进行梳理和解读,建立在可靠的资料论证基础上的合理假设却是可以有的。作者对古代史史料研读比较到位,从对《晋书》《资治通鉴》之类的原始资料的解读可以看出,写作前做了不少准备工作。该选题虽然缺乏学术史回顾,但讨论的问题确实是历史上的大问题——永嘉之乱。作者试图通过对原始资料的梳理,分析西晋末年的各种政治势力和形势,得出的结论是:永嘉之乱虽然重创了西晋政权,但并没有到了不可收拾的地步,可惜的是,由于统治集团内部的争权夺利和患得患失,本可保证不亡的西晋在各种作用下还是灭亡了,确实引人深思。作为中学生,能大量阅读原始典籍,合理运用史料,对现有的史界定论作出挑战和假设,确实是下了一番功夫的。

传承历史文化　发扬地方精神

——关于宁波城区地名文化的几点思考

学生　吕嘉璐　李瑾慧　　指导教师　孙一青

摘要:地名是一个城市的名片,通过它可以了解该城市的品位。地名浓缩着历史,是文化的体现。笔者选择“宁波城区地名的命名”这一主题作为研究课题,分析命名现状,总结命名规律,在此基础上对我市城区命名展开几点探索。这对挖掘地方的历史文化,传承宁波地方文明,发扬地方精神,增强民族自信有着重要意义。

关键词:宁波城区　地名文化　探析

地名指地方的名称,是人们赋予特定自然地理实体和人文地理实体的专有名称。宁波的地名承载着我市的文化命脉和沧海桑田。即便是一段宁波故事,也像是一位饱经沧桑的老人对过往的执着和守护。地名沉淀历史,寄托向往,更是在提醒下一辈要时刻铭记传承“诚实、务实、开拓、创新”的宁波精神。

如今,随着城市日新月异地发展,地名的增补和修改成为我市城市建设的新课题。其中,忽略地名中所蕴含的历史因素,割裂地名承载的文化积淀的问题屡屡发生。作为传统文化的新一代继承人,我们肩负着承前启后的使命。笔者通过实地调查、网络搜集、书籍阅读等形式,对宁波市城区范围内的地名展开了以下几方面的探索思考。

一、宁波城区命名现状

改革开放以来,宁波经济快速发展,城市化进程不断推进,市委市政府提出了到2020年城市化水平达到20%以上的目标。纵览宁波城区地图,宁波市区的地名设计已较为完善,体现出设计丰富、尊重历史文化、符合宁波未来发展等方面的特点。

然而,伴随着市区地名更名密集度增强和修改次数的增多,地名设计的随意性现象也日趋增加,且地名管理工作的滞后状况也有待解决。2019年3月,浙江省出台了《进一步清理整治不规范地名工作实施方案》,①重点对居民区、大型建筑物、道路、街巷等四大类地名中存在的"大、洋、怪、重"等不规范地名进行规范化、标准化处理。因此,加强和规范地名管理成为我市城建的重要工作。

其中,房地产市场可谓是重灾区,取名不规范,甚至违规违法现象层出不穷。开发商为了吸引消费者,博人眼球,肆意为楼盘取名,"大、洋、怪、重"的乱象频出。《地名管理条例实施细则》第八条之(二)地名的命名应反映当地人文或自然地理特征;(九)新建和改建的城镇街巷、居民区应按照层次化、序列化、规范化的要求予以命名。②《浙江省地名管理办法》③第十三条:一般不以人名作地名。禁止以国家领导人的名字以及外国的地名和人名作为地名。取名为"香榭丽舍""东方威尼斯""英伦水岸"的楼盘显然严重违反了上述条规,毫无地方特色,崇洋气息明显。表面上似乎在向人们宣扬一种优质生活和国际化都市气息的美好愿景,但是,在"外国人的"与"值得追求的"之间画等号,无疑是在兜售"外国的月亮比中国的圆"。当下这种媚俗媚洋现象呈星火燎原之势。再如"北宸府""宁波府"等楼盘名,看似大气尊贵,实则暴露了命名者对中国传统文化的浅薄无知。"府"古代多指官府衙门或者达官贵人及德高望重者的府邸,有专属意义,不可随意使用。像"宁波府"这样的名称显然是通过夸大名称,迎合了消费者自抬身价的心理,助长了低俗的社会风气。房地产开发商貌似是始作俑者,但他们不过是利用了公众心理,只是在迎合消费者的需求。

此外,我市还有一些不规范的道路命名。如"人民路"于鄞州区、江北区各一,"育才路"于江北区、海曙区各一。这种重复的道路名称给人们的生活和出行带来不便和困扰。在海曙区,新阳光公寓将万兴路中断,宁波市图书馆附近有两

---

① 浙江省出台.进一步清理整治不规范地名工作实施方案[Z].(浙民区〔2019〕18号).

② 国务院颁.地名管理条例实施细则[Z].1986.

③ 浙江省人民政府.浙江省地名管理办法[Z].

段横水街，这些现象不可忽视，理应将其规范化。

另外，地标性的建筑命名也呈现出新的问题。如宁波城隍庙，本是供奉纪信之地，传承忠孝节义，许多祭祀活动曾在此举行。可如今，那里商铺众多，管理混乱，大部分人将其视为纯粹的娱乐贸易场所，而不知城隍庙的历史文化。也许，通过命名其周边道路的方式，可以更好地传承其历史文化。

二、宁波城区地名探索

笔者通过进一步分析宁波市区的地名现状，总结出地名命名的几个规律。以下从实际功能、历史文化、红色精神、美好愿景四类展开探讨。

在宁波城区地名中，有许多地方以其实际功能来命名。如海曙一住宅区名为“永和居易”，“居易”蕴含着创造“易居”“宜居”的人文和环境空间，体现出其功能为舒适的住宅区。同样，在原有名字之后加上“小区”“社区”等字眼，更能直观地体现出此地的功能与用途。还有，与开明街相交的药行街，原是东南药材中心、全国中药运散中心，是宁波的商业要地。据《鄞县通志》记载，清咸丰、同治至民国时期，药行街上有药行53家，药业从业人员高达500余人，云集了全国各地前来交易的药商。鼓楼作为地标类建筑物的代表，以其功能命名，既能报时，亦可报火警。

宁波地名中蕴含宁波历史文化。冯骥才先生在《地名的意义》中写道：“地名是一个地域文化的载体，一种特定的文化象征，一种牵动乡土情怀的称谓。”[①]“中国思想启蒙之父”黄宗羲，因其了·万斯选著有《白云集》，世称白云先生，故海曙区有一住宅区名为白云山庄。宁波是书香之城，藏书文化享誉海内外。天一阁中有士大夫藏书守道的文化，是宁波藏书文化的典范，也是中国现存最早的私家藏书楼。依据《易经》中“天一生水，地六成之”[②]的说法，取“以水制火”之意，把藏书楼定名为“天一阁”，并在阁前凿一“天一池”，蓄水防火，使藏书楼“历年二百书无恙，天下储藏独此书”（全祖望诗《久不登天一阁偶过有感》）。同时，天一街的地名源于天一阁，饱含浓厚的文化气息。

---

① 冯骥才.地名的意义[J].建筑与文化，2005.

② 《十三经注疏》[M].杭州：浙江古籍出版社，1998.

延安东路、工农路、红星路、民主路等地名不仅散发着浓厚的宁波近代历史气息,还体现了宁波的红色精神。海曙一住宅区“中山雅园”是为纪念孙中山先生而命名。孙中山先生是中国民主革命伟大先驱,曾来到宁波,在振兴实业、讲究水利、整顿市政三方面为宁波发展作了深刻演讲,是宁波近代史上浓墨重彩的一笔。江北区的“解放路”以及海曙区的“解放南路”,是为纪念解放战争而命名,传承人民解放军铁的信仰。为了继承和发扬先烈的革命精神,海曙区人民政府将中山广场上一凉亭命名为“明州双英亭”,以纪念杨眉山、王鲲两位宁波最早牺牲的全国著名共产党人,以示不忘先烈、开创光辉未来之意。

地名也体现着宁波市民的美好愿景。黄鹂身披彩衣,鸣叫声悦耳动听,一直都是人们心目中的吉祥鸟。鄞州区一住宅区以此命名为“黄鹂社区”,有万事如意、幸福安康的愿景。江北区、海曙区的“育才路”,表达了宁波精英继起、人才辈出的美好愿望。“宁波财富中心”主楼像含苞待放的郁金香,永恒、祝福是郁金香的花语。“财富”为楼名,郁金香为楼形,祝愿宁波财源滚滚、繁荣永恒。

三、为宁波设计地名

随着当下的改名热潮,为宁波设计地名也成为关键一环。作为青少年的我们,为宁波地名的新设计提出以下几点建议:

首先,在设计地名的过程中,尽量避免出现太多生僻字,不要太拗口,使用起来方便是设计地名的基础。其次,地名设计要有意义,避免崇洋媚外,可以文中提到的四类地名做参考。同时,适当融入历史文化因素也是一种宣传和传承的方式。再次,我们认为既然是新地名,也因与时代潮流相融合,与时俱进。

基于此,笔者对宁波地名进行以下设计尝试。菁鸣巷:2015 年,宁波籍的屠呦呦因发明青蒿素而获得诺贝尔生理学或医学奖。“菁”代表“菁英”,同时“菁”下部分的“青”含有屠先生发现青蒿素之意。“鸣”则出自《诗经》“呦呦鹿鸣,食野之苹”,屠先生的名字也源于此处。菁鸣,还蕴含着美好祝愿:祝愿宁波后人学习屠先生那种勇往直前、永不言败的精神,菁英辈出。

涌明路:宁波原名“明州”,简称“甬”,其名源于甬山。甬山像覆置的大钟,山上水源丰富,如泉水涌出,“甬”含“涌”的意思,故称甬山。与水有关的成语有“上善若水、水滴石穿、海纳百川”等,暗示宁波人有着水那样的善良、坚强、包容的美好品格。

梅鹤庄:宋代诗人林逋自谓“以梅为妻,以鹤为子”。“梅”指梅花,具有高洁、坚强、谦虚的品格;“鹤”是高雅的象征。以“梅鹤”命名,不仅可以纪念林先生高洁的品格,还体现出居民们对梅鹤这种良好的精神品质的向往。

论文撰写过程说明:

随着城市日新月异的发展,我市地名命名出现了一系列不规范的现象。时值当下全国开展不规范地名的整治工作,我们要关心现实,做有文化担当的中学生。我通过暑期在图书馆进行大量的阅读,同时开展实地考察,并借助网络搜集多方面信息,先后阅读了《浙江省地名管理办法》等政府文件以及《易经》等文学作品,了解当下的宁波地名现状和历史文化。借此机会开展对宁波地名现象的探究,展开几点思考。通过本次小论文的写作,学习论文写作的方法与规范,并培养了对于一个学术问题展开探讨、分析的能力。经过反复地修改,感受到了论文写作的严谨和艰辛,但乐在其中,受益匪浅。

教师点评:

论文选题切合时事,有历史感也有新意。两位学生阅读了大量文献资料,能把历史与现实进行较好的结合。并且对论文写作的理解能渐入佳境,是难得的一次学术尝试。

红白玫瑰的起源和都铎玫瑰的诞生

学生　郭　珂　　指导教师　陈科锰

摘要：本文通过查找翻译英文文献资料，在对15世纪英格兰著名内战被称为“玫瑰战争”的时间和原因进行考察的基础上，探讨了白玫瑰与约克家族王位主张权之间的关系、红玫瑰之所以能成为兰开斯特家族的徽记的历史渊源，以及融合红白两色玫瑰的都铎玫瑰诞生的背景和作用。

“玫瑰战争”指的是1455年至1485年/1487年（有争议）金雀花王朝①的两支后裔——兰开斯特家族（红玫瑰）和约克家族（白玫瑰），及其支持者为了争夺英格兰王位而发生的内战。此次内战中，英格兰的王冠易手七次之多（一说是八次），最终以代表兰开斯特家族的亨利·都铎和代表约克家族的伊丽莎白·约克的联姻宣告结束。

19世纪英格兰皇室教师和作家玛利亚·考尔科特夫所编写的童书《小亚瑟的英格兰历史》，是最早使用“玫瑰战争”一词的书籍之一。该书用“在此后的三十年里，英格兰的内战被称为玫瑰战争”来描写这场15世纪撼动英格兰的血腥暴力的王冠争夺战。虽然“玫瑰战争”一词作为此次内战的代称第一次拥有书面记载应不早于19世纪，但是在这场战争中由分别以红白玫瑰作为标志的两大家族相互仇视而导致的党派对立、国家分裂，在某种意义上可以追溯到15世纪。

---

①　金雀花王朝：在法国又名安茹王朝。王室家族是一个源于法国安茹的贵族，从12世纪起统治英格兰。金雀花王朝的正式君王有八位（亨利二世—狮心王理查一世—失地王约翰—亨利三世—爱德华一世—爱德华二世—爱德华三世—理查二世），统治着1154年至1399年的英格兰。1399年理查二世逝世后的英格兰由该朝的两分支系——兰开斯特王朝和约克王朝先后统治，而这两大家族因王位争夺而爆发了15世纪后半叶的玫瑰战争。

在中世纪的欧洲,玫瑰是十分受欢迎的花朵,在宗教、文学、艺术乃至政治权力中都被视为一种极其重要的代表,人们会在祈祷书的边缘、泥金装饰手抄本上、历书和科学文本中绘制玫瑰图案。最晚到亨利三世在位的 13 世纪,英格兰就已经出现了许多用玫瑰的花纹或者图案作为纹章徽记的贵族家族。金雀花王朝第五代国王爱德华一世就喜欢用金色的玫瑰来代表自己的家族姓氏或是用来象征自己至高无上的王权。除此之外,意大利文艺复兴初期三杰之一的乔万尼·薄伽丘(1313—1375)在其代表作《十日谈》中,还将红玫瑰与白玫瑰用来象征爱情与死亡这两个互相对立且互相纠缠的主题。由此可见,红玫瑰和白玫瑰蕴含着的寓意通常是相对的。到了 15 世纪末期,红白玫瑰开始与争夺英格兰王位的竞争者紧密地联系起来。

最早能够代表英格兰王室的玫瑰标记是白玫瑰,它代表着金雀花王朝的旁支之一约克家族的首领——约克公爵三世金雀花的理查。亨利六世在位时期(1422—1461),约克公爵三世向亨利六世(爱德华三世的三子的曾孙,兰开斯特家族的首领)的王位提出了挑战。他声称由于拥有王位继承权的埃德蒙·莫蒂默(爱德华三世的次子的外孙之子,根据先例曾被理查二世立为继承人)没有后代,所以在后者去世后,他的王位继承权就顺理成章地落到了他姐姐安妮·莫蒂默的儿子,也就是金雀花的理查的头上了。因此约克公爵三世认为自己比亨利六世拥有更强的继承权。正是在这一期间,白玫瑰成了约克公爵三世宣扬王位继承权合法性的重要标志之一。此后,他的儿子爱德华(他在 1461 年成为英格

约克家族的白玫瑰

兰国王爱德华四世)及其支持者们都格外喜欢用白玫瑰来体现其高贵的身份与显赫的地位。年轻的爱德华四世被爱戴他的人称呼为"鲁昂的玫瑰",在战争胜利或者大型庆典活动上接受支持者们的吟唱"祝福那种花!"

红玫瑰其实不常作为英格兰贵族家庭的代表,直到 15 世纪 80 年代,都铎王朝的第一位君主亨利七世(亨利·都铎,亨利六世的同母异父弟弟埃德蒙·都铎和玛格丽特·博福特郡主的儿子)在位期间,才开始大批使用并尽其所能地对外推广红玫瑰家族纹章。追溯其历史渊源,也许可以从兰开斯特王朝的第一位国王亨利四世——亨利·博林布罗克说起。1398 年 2 月,亨利·博林布罗克揭发托马斯·莫布雷的叛国罪却未能提供一定的证据,所以温莎的骑士刑庭颁布命令要求两人进行比武审判以解决他们之间的争端(虽然事实上审判根本没有进行)。亨利四世正是在此时使用了红玫瑰的徽记来装饰自己的营帐,这可能是最早有近似王室意义的红玫瑰符号。

兰开斯特家族的红玫瑰

红玫瑰成为较常见的王室徽记是在博斯沃斯战役结束后的 1485 年。为了主张自己的王位继承权(亨利七世与旧时的兰开斯特公爵有血缘关系),亨利七世将兰开斯特家族的族徽宣扬为红玫瑰,与约克家族的白玫瑰作对比,并努力通过宣传手段,将都铎家族作为王位继承者的合法性大大提高。因为事实上都铎家族通过血缘关系继承王位的可能性微乎其微,甚至根本是子虚乌有。亨利七世其实是亨利五世去世后,留下的年轻王后法兰西公主凯瑟琳·德·瓦卢瓦与侍从同时也是情人的威尔士乡绅欧文·都铎的孙子。在这个时期,为了巩固王权,英格兰历史学家和文学家们都迎合着博斯沃斯战役结束后亨利七世政府的路线和需求,宣扬都铎家族继承权的合法性。曾有一位编年史作家写道:“为了向白玫瑰复仇,红玫瑰怒放吐艳。”除此之外,书记员、画家和图书管理员也承担着帮助都铎家族鼓吹头上王冠的合理性的“使命”。亨利七世在位期间,印发的文件均有红玫瑰作装饰。亨利七世甚至还将此前多位国王收藏的书籍“改头换面”,让兰开斯特家族的红玫瑰到处盛开。

在回顾历史时,红白玫瑰标记的作用才会更好地呈现出来——它们最主要的任务就是为了衬托第三种玫瑰,即所谓的“都铎玫瑰”。亨利七世要想成为兰开斯特国王,从血统来说,几乎是不可能的,因为他的父亲与亨利五世没有血缘关系。亨利六世有目共睹的继承人并不是他,比如博福特(典型的红玫瑰家族)、德·拉·波尔(典型的白玫瑰家族)等家族的后代在血缘上更具有王位的主张权。因而都铎家族不可能得到兰开斯特党的完全支持,所以迎娶爱德华四世的长女——约克家族的伊丽莎白对亨利七世巩固王权和维持国家稳定有着极为重要的作用。简单来说,都铎玫瑰就是红玫瑰(代表兰开斯特党)和白玫瑰(代表约克党)的结合。它是两种玫瑰在叠加、并列或是融为一体的基础上被亨利七世政府发明出来的。它不仅仅代表着亨利·都铎与伊丽莎白·约克的婚姻,更是象征了兰开斯特和约克两大家族的结合。从这个角度来说,都铎玫瑰的产生就是都铎王朝为了彰显自身头顶上王冠的合法性、正当性所采取的一种手段。

都铎玫瑰

综上所述,“玫瑰战争”一词概括了两大家族为了争夺英格兰王冠而进行的接近半个世纪的内战。在战争最后,由于双方的大小贵族都几乎拼尽了全力,亨利与伊丽莎白的婚姻才会更加容易地将兰开斯特党和约克党笼络在一起,从而开创一个全新的强大专制王朝——都铎王朝。1509 年,亨利七世的儿子亨利八世登基,约翰·斯凯尔顿(一名宫廷诗人,在内战时期长大)为此写道:“白玫瑰与红玫瑰,如今融为一体。”

“玫瑰战争”的概念在 16 世纪就已经家喻户晓,因为它使用了一种令人好理解,又容易记忆的叙述。“玫瑰战争”的故事把世界简便地划为两面——不是红色就是白色。同时,它也间接地辩白了都铎王朝的王权主张。所以,这种概念才能够留存至今。不同时代的英格兰艺术家和学者都将“玫瑰战争”作为重要的主题之一。都铎时期的著名历史学家爱德华·霍尔和拉斐尔·霍林赫德、伊丽莎白一世时期的戏剧家威廉·莎士比亚(戏剧《亨利六世》中最为著名的玫瑰园场景)、18 世纪的思想家丹尼尔·笛福和大卫·休谟、19 世纪的小说家沃尔克·司各特等在描述这些战争时都运用到了红白两色玫瑰,使得“玫瑰战争”如今成为一个人尽皆知的意象。总而言之,都铎玫瑰不仅在政治和历史上具有重要作用,在文学和艺术上也留下了浪漫的一笔。

现代峰会外交:慕尼黑与G20

学生　叶智阳　　指导教师　肖　虹

摘要:峰会是在国家最高领导人之间展开的国家对话,是一种外交手段。1937年,张伯伦和希特勒的三次会晤,开启了现代峰会的先河。几十年的发展历程后,今天的G20峰会,作为最重要的全球性峰会之一,又得到了丰富和完善。本文从慕尼黑与G20这两场比较典型的峰会入手,通过比较其历程与特性,研究现代峰会的演变与发展,理解外交手段在此过程中的继承和完善。并试图明晰峰会在当前世界的意义。

关键词:峰会外交　领导人集团　大国外交　世界秩序

一、两种峰会

自张伯伦和希特勒在慕尼黑举行第一次现代意义上的峰会后,随着丘吉尔提出“峰会”的概念,世界领导人们就峰会的作用一直在探索和实践的过程中。大规模杀伤性武器的出现也使得峰会愈加不可或缺。在冷战过程中,峰会承担了相当重要的军控作用。时至今日,峰会伴随着大众传媒的发展,越来越呈现出多样化的解读。G20作为当今最重要的领导人峰会之一,继承了传统的峰会精神,也大大拓宽了峰会的各方面意义。研究这两场比较典型的峰会将有助于我们理解现代峰会外交。

二、慕尼黑:国家首脑的秘密舞台

这场臭名昭著的会议,在多年后给与会的四位领导人带来了深重的负面影响。张伯伦的政治形象大为受损,在出发前所留下的手持小雨伞的照片后来几乎成为笑柄。但丘吉尔后来表示,他深刻地察觉到张伯伦是一位出色的领导人。不管如何,这一次会议体现了领导人“左右世界”,通过一己之力改变国际形势的决心和勇气——或许只是莽撞——不论好坏,都对今后的峰会外交产生了深刻影响,甚至到冷战结束,它也并未终结。“一战”之后,欧洲地区的苏台德人的问题给了希特勒干涉他国内政一个借口。他的目标捷克斯洛伐克对于受到重创的德国经济的恢复具有重要意义。甚至是为可能的战时经济做后备——希特勒本身是一个极端的战争主义者,对于展现其个人的战争才能有近乎狂热的追求。这种病态让追随他从啤酒馆革命一路走来的纳粹将领深感忧虑,他们甚至策划过一旦希特勒坚持开战就谋划政变。但是慕尼黑会议使得战争至少是被短暂推迟,也救下了希特勒的命。

希特勒的对手,68 岁的张伯伦对着和平有着不懈的追求,哪怕付出一些代价。曾任财政大臣一职的他在公众面前塑造了自己积极热情而又能力出众的形象。但衰老绝对不是影响这位领导人露怯的原因。对于气势汹汹的德国,参考英国对欧洲大陆的一贯政策,即大陆均势,有所行动是必然的事。当时他以为德国能直接轰炸伦敦,事实上这一举动需要到“二战”后期从法国海滩起飞才能做到。错误判断更加深了他对和平的欲望。张伯伦希望能够通过在欧洲领土问题和非洲殖民地问题上的妥协来换取对德国军事力量扩张的限制。这就是后来臭名昭著的“绥靖政策”。

政府中的很多人相信,要让德国人不开战,唯一可行的方法就是坚决申明:一旦开战,英国将毫不犹疑地站在法国这边。但张伯伦并非这样想,他在外交上有两条自己的准则:没有哪个民主的国家会在外交方面以战争相威胁;除非做好了开战的准备。而英国显然没有。英国为“一战”的胜利付出了相当高昂的代价。战争赔偿对于一片狼藉的德国来说依旧是沉重的负担。与此同时,英国的防空系统尚未全部建立,岛国超高的人口密度,一旦遭受轰炸损失将极其惨重。为解决问题,在前期与希特勒两次单独会晤后,张伯伦认为这个纳粹德国的领导人“并非不可理喻”。四人炮制了后世所谓的“慕尼黑阴谋”。捷克斯洛伐克在冷板凳上失去了领土。而欧洲被从战争的边缘拉了回来。

张伯伦害怕欧洲的命运被掌握在一个疯子手里,这使他在踏上飞机之前就处于了弱势地位。谁能抱着空手而归的气量,谁就能占据主动。与此同时,尽管峰会外交的前身非常古老,但这毕竟是其第一次在现代舞台上上演。张伯伦表现得极其不成熟。他根本没有研究对手的心理,没有"意见书"或者"简报",抛弃了专业外交官,连口译员和记录员都没有带。这一切都使得他手忙脚乱。更为糟糕的是,他的谈判毫无底线,凭借"臆断"行事。他相信希特勒是一个言而有信的人,并把外交的成功完全寄托在自己和对手的"私人感情"之上。或许作为一个政治世家的小儿子,张伯伦也急切地想要证明自己,有孤身一人给欧洲带来和平的雄心壮志。但这却是一次"溃败",虚伪空洞的胜利。不过我们看到,峰会成为一种全新的外交形式,并给各国领导人带来了极大的兴奋感。其发展至今,内容和形式都在拓展和完善,并成为处理国际关系的重要手段。

三、G20:稳定可靠的对话机制

G20 由八大集团首脑峰会(G8)倡议成立,1999 年于华盛顿正式召开第一届 G20 峰会。与会的 20 个国家经济总量占到全球的近 90%,相比于 G7 和 G8 的"大国俱乐部"形式,G20 在当今世界经济秩序的管理中的分量大大加强。而峰会也不再是局限于两三个国家的首脑会议,更多在程度上,成了全球治理体系变革的助力。除开财长会议外,首脑的会晤与交流真正体现了"峰会"色彩。

当今峰会的注意力从军控、领土争端更多地转移到经济方面,与各国外交的成熟化乃至全球格局的变革密不可分。新形势下,峰会的参与者们做好了更加充分的准备和政策研究,团队的完整度大大加强。以往的"秘密会议"几乎不会再出现。而如 G20 峰会的"代表性""实效性""平等性"三个特性,在过往的峰会外交中简直是天方夜谭。

在 20 世纪的峰会中,会议成果的执行是最令人头痛的问题之一,如何把成果适当地展示给人民也是领导人需要密切关注的问题。当时的国际秩序尚不完善,媒体也完全可由某些势力和政府成员把控,借此影响民众的态势。张伯伦在哥德斯堡同希特勒会面后未能说服自己的核心内阁成员,若非希特勒最终退让,英国将陷入战争。丘吉尔和罗斯福在雅尔塔会议之后也过分宣扬了自己的成就。而在如今,大众传媒尤其是互联网的高速发展,使过往的"秘密会议"很难再发生,同时避免了所签署的协定与对外公布的协定大相径庭的状况。它已经不再是几个领导人的秘密舞台了。

在2008年以前,G20只是外长级会议。而经济危机之后,西方传统经济体的实力下滑,与新兴市场经济国家的繁荣成长,促使着世界经济秩序的改变,也迫切要求稳定可靠的高层对话机制。同时有别于过去峰会,G20邀请世界货币基金组织总裁、世界银行行长、国际货币金融委员会主席等参加,以保证与布雷顿森林体系的紧密联系。可以看到,当今峰会的功能进一步细化,这正是国际形势趋于稳定的表现,亦有助于问题处理的专门化与高效化。G20通过限制其职能,发展出了峰会外交在当今时代的新形式。虽然目前也扩展到绿色金融领域,但并未脱离经济的大方向。

此外,G20是定期召开的峰会,自身定义为合作论坛。以往的峰会大多是矛盾激化至一触即发时"力挽狂澜"的措施,虽然颇有些英雄气质,但却极具一拍两散的风险。而G20以"先见之明"式的稳定推进,促进了国家间政治、经济的交流和对话。这种定期的论坛峰会,或许将对新型外交方式有较大的借鉴意义。外交应当努力向多层次、多样化、多方面演进,国际关系在此过程中才能够进入新时代,适应全球化的潮流。

四、小结

当我们审视过去的时候,会发现国家领导人的英雄主义情怀曾经深刻地影响历史的进程。对于大人物来说,凭借一己之力扭转局势,确实有非凡的成就感。他们在峰会上的表现也因人而异。他们发现着自己的局限,暴露着自己的弱点。每个领导人身上的特殊情结都导致了不同的外交风格与最终成果。但是今天,比起一个人展现自我的时代,我们需要的已经不是"扭转"和"颠覆",而是稳定和可靠。我们不可否认领导人的引领作用,但更值得我们注意的是整个外交团体的稳定与发挥,以及他们能在峰会进程中如何表达己方和协同他人。在历史上,峰会的参与者往往研究过前人的外交经历,但他们仍然犯了错。而得益于此,峰会本身得以完善和改进了。领导人们或许想要,但也很难随意地用数千万人民的生命去冒险。峰会本身承担的外交责任将更加重大。哪怕是经济在全球愈发重要的今天,像G20一样的峰会外交仍然能通过平等对话和深入交流,达到塑造历史的目的。

参考文献:

1. 柏来喜.代价高昂的胜利——浅析英国在第一次世界大战中的经济损失及其影响[J].兰州学刊,2008(2):141-143.

2. 吴友法.二战前英国绥靖政策的起讫问题——与陶樾同志商榷[J].世界历史,1981(2):86-88.

3. 艾临.关于"慕尼黑协定"的出笼及签字日[J].聊城大学学报(社会科学版),1987(2):33.

4. 崔志楠,邢悦.从"G7 时代"到"G20 时代"——国际金融治理机制的变迁[J].世界经济与政治,2011(1).

5. 方晋.G20 机制化建设与议题建设[J].国际展望,2010(3):19-26.

6. 朱杰进.非正式性与 G20 机制未来发展[J].现代国际关系,2011(2):41-46.

7. 刘树芹,李春林.探析 G20 崛起的原因、影响及其面临的问题[J].湖南工业职业技术学院学报,2010,10(2):55-57.

教师点评:

学生在阅读慕尼黑会议书籍时对峰会这种外交形式产生了兴趣,进而联想到 G20 峰会,通过查阅资料,对比分析了两种峰会的不同,试图发掘峰会外交的发展脉络及其影响的因素。尤其是慕尼黑部分的写作,语言犀利,观点深刻,体现了学生深入的思考,这种主动思考和探究历史问题的精神非常值得提倡。文章分析研究从历史到现实国际峰会外交的发展,体现了学生对人类发展问题的关注,这种视野和情怀也是难能可贵的。

从井头山遗址的发掘来论述新石器时期宁波农耕文化的起源

学生　柴兆骏　　指导教师　孙一青

摘要：井头山遗址是国内迄今为止发现的唯一一处在海平面上升过程中被海水淹没、被浅海沉积物掩埋的史前遗址，是可遇不可求的，非常宝贵与难得。从井头山遗址考古的成果来看，打开了一个新的视野，它打破了传统观念中沿海"生土层"下没有更早遗存的认识。井头山遗址的发现，将宁波地区的人类活动史和文明发展史前推到了距今8000年前，改写了宁波历史。

关键词：井头山遗址　农耕文化起源　农业与手工业　本地影响

曾经余姚河姆渡遗址的发现，为研究当时的农业、建筑、纺织、艺术等东方文明，提供了极其珍贵的实物佐证，是新中国成立以来最重要的考古发现之一，深深地震撼着整个世界。但在近年，井头山遗址的发现，将宁波地区的人类活动史和文明发展史前推到了距今8000年前。同时，它是浙江境内首次发现的一处史前贝丘遗址，也是中国沿海地区年代最早、埋藏最深的一处史前贝丘遗址。①

井头山遗址的发掘，是国内史前考古中非常重大的一个发现，不仅找到了河姆渡文化与跨湖桥文化、上山文化关系的线索，特别重要的是寻找到了河姆渡文化的根。它补充和完善了河姆渡遗址之前的空白，将河姆渡、田螺山遗址的发掘联系起来探究宁波新石器时期的农耕文化发展。井头山遗址出土的大量文物标

---

① 浙江余姚发现早于河姆渡文化1000年的史前遗址，央视网。http://news.cctv.com/2020/05/30/ARTIOcVrVGcXD3BiFWNljqsi200530.shtml.

本令人震惊,除自然遗物以外,还有很多陶、石、骨、木、贝器、编织物等,年代古老,保存好。从工艺技术上说,其对陶瓷起源的探索具有非常大的指导意义。下面我将从遗物发掘和手工工艺两个方面来论述新石器时期宁波农耕文化的起源。

一、从遗物发掘看原始先民的耕作技术与自然环境的变化

历史上,我们常认为神农氏创造的原始农具耒耜是较早的农业生产工具,但在井头山遗址发掘的遗物中,我们可以借此窥探这些农具的起源。当时先民食用后丢弃的数量巨大的各种海生贝类(蚶、螺、牡蛎、蛏、蛤、蚝等),以及用大型贝壳加工磨制的一些贝器(铲、刀、圆形饰片等)都可能作为生产生活的重要器具。例如,先人将一个比巴掌还大的生蚝享用后,经过巧手加工,可能用于挖海滩上的软泥土。专家将其称之为贝耜。[①] 同时,这也使河姆渡时期的骨耜有了先导。从这些贝器中,我们不难发现这是我国农耕文明发展过程中一个具有突破性特征的时期,也对于我国研究海洋文明的起源具有启示性意义。

还有一种器物极其引人注意,叫"用来安装石斧的木柄",或简单地叫斧柄。先民拿出一块棱角鲜明的石斧,再从水中捞出一件长柄菜刀形木器,将石器嵌入木器上端的椭圆形卯孔,两者可以巧妙地"合二为一",成为一把可以砍树、加工木材的利器——石斧。另外,石器堆里又有一件没有明显刃部的石锤,套进卯孔里,就组合成了一件可以敲砸的榔头。

不可否认的是,在此次文物发掘中贝壳类器物占多数。C14 测年和文化类型比较研究结果表明,井头山遗址年代为距今 8000 多年,是目前宁波地区发现的时代最早的文化遗存,也是 8000 年左右海平面高度的直接证据。

所以,井头山遗址有必要从世界遗产角度去认识和解读,这是海岸线考古的重要发现。世界范围内,气候变化、海平面升降、海岸线变迁均为重要议题,从海洋考古和海洋史角度分析井头山"咸水环境的生态经济性"、海洋鱼类、航海技术及其与南岛语族的联系,都会有令人惊喜的发现。

关于南岛语族的问题,以及家畜随着南岛语族向南扩散等问题,范雪春教授

---

① 宁波头条公众号 https://mp.weixin.qq.com/s/tD6kqY2_we2BOUMYDunV8w.

把井头山遗址发掘意义联系到一个更大的国际课题上。河姆渡是中国东南沿海史前文化的摇篮，而井头山是河姆渡的摇篮，也是南岛语族的摇篮，所以意义非常重大。正因为意义重大，才应当再适当开展一些工作，找居址、墓地和人骨，这么早的一个遗址，与南岛语族有关，如能发现人骨材料，就会为研究史前人类活动行为提供参考。

井头山遗址信息量巨大，将来会成为8000年前后时段中国沿海史前文化研究的一个标尺。从经济角度来说，与跨湖桥遗址差别较大。井头山遗址广泛利用海洋资源，特征极其鲜明，而跨湖桥遗址靠近内陆，缺乏海洋性的内容。井头山遗址出土大量海生贝类和海生鱼类等动物骨头、木桨，表明这里生活的先民应是中国沿海最早的渔民，创造的是中国东南沿海最早的海洋文化。而井头山遗址还发现一般贝丘遗址里所没有的水稻遗存，这也说明不同贝丘之间可能拥有类型差异。在近期的研究中，专家更是发现了曾在陶釜底部的碳化稻米——锅巴以及表面光滑的人工栽培水稻穗轴。这也证明了井头山的先人们在大量吃海产品的同时，也开始吃大米、种植大米。或许，这也是我国人工种植水稻的起源！

二、从手工工艺看原始先民的实用心理与美好追求

在井头山发掘中还出土了很多陶器和木器，上面还有一些简单的花纹，那么当时的艺术水平如何呢?

浙江省文物考古研究所井头山遗址考古领队孙国平介绍，井头山遗址出土器物的艺术表现总体上还比较简单，陶器制作还比较粗糙、简单，木器制作技艺稍高一些，但是没有留下较高艺术性的遗物，都是以实用性为主，基本上没有美观上的考虑。

井头山陶器的工艺虽然比千年后的河姆渡陶器简单得多，但绳纹、方格纹等不同纹饰已然出现，也有红、褐、黑等各种色彩，其中的炊器多数为灰黑色陶色，而有些日常装食物用的器皿特意添加了鲜艳、亮丽的红、黑色陶衣。在多数陶釜上，拍印着绳纹，但专家们推测这绳纹主要是为了防止烧制时胎体开裂，在使用时以此增加受热面积，此外也有一定的装饰作用。这些基础且重要的加工手段，也对后来陶艺、瓷器等中式手工艺品的完善起着不可磨灭的作用。这样一次次的试验，让中国手工艺者的技术日趋成熟，对于温度的掌握更是达到了炉火纯青

的地步。正是这些简单且实用的方式,将先民的智慧与能力展现得淋漓尽致,也使中国的陶瓷业大幅度发展。

工艺装饰上,先民不仅在外围下功夫,还通过夹砂、夹炭、夹蚌壳等方式,使陶器表面看起来亮晶晶的,增加棱角以反射光线。这样之后,一种在当时令人喜爱的器物就生产出来,为生活提供了便利。同时,手巧的井头山先人还将苇草编成大大小小的席、背篓等编织物,还用木栅栏围圈,可能用来临时养鱼……而这样的编织工艺,也对现在南方的生活产生重要影响。我们现在睡的草席、采摘蔬果用的竹箩等,可能就是这样一步步发展而来的。这种种器物都指向了为生活提供便利的目的,大大提升了其实用效果。

山东大学历史文化学院教授栾丰实曾说,井头山遗址中出土了之前未见过的一些遗物,如带销钉木器、斧木柄、锛木柄毛坯等,说明 8000 年前木作加工技术已经达到不可想象的程度,同时陶器也很先进。当时的工艺、器物制作的技术水平、原始的艺术表现,显得古朴和原始。但跟河姆渡时期相比,还相差比较大。只有少量的陶器上有红衣和简单的刻画图案,显示出一定的审美需求。①

这些发掘成果让我们明白,原始工艺与器物的作用,都指向一个目的——实用!也正是这种实用心理,让我们中华民族在保证温饱的情况下,对于美好生活的追求日趋丰满。井头山遗址的发掘,无愧是宁波农耕文化的起源,可能乃是整个中国海洋文化的起源!

三、井头山遗址对宁波的影响

(一)发挥历史作用,提升文化自信

古往今来,宁波是举足轻重的海洋港口城市,现在看来,宁波人利用海洋的历史可以上溯到 8000 年前。按照世界各地海岸线考古的经验,此类族群必然走向海洋贸易、族群迁徙,对应宁波的“书藏古今、港通天下”,井头山遗址的发现揭示了其中更深刻的历史基因和文化传统。而且,史前研究对后来宁波城市文化的发展产生了直接或间接影响,这就是城市基因。井头山遗址虽是一个 8000 年前考古成果,却可以同宁波文化的根源、脉络联系起来,而且这种连接是有机的、

① 独家派公众号张子琪 https://mp.weixin.qq.com/s/QV9H_rIzyhESjgucAJHR1A.

生动的。同时,对长江流域这一中华民族重要发源地的深入探索,对我们整个中华民族提升文化自信具有举足轻重的作用。

（二）打造遗址公园,促进经济发展

井头山作为一个重要遗址,可以在保证科研的前提下,大力发展旅游业。从地理上看,在井头山建遗址公园是合适的。余姚河姆渡、田螺山、井头山几乎连成一片,又离现在的城市中心区不远,城市交通较为便捷。从井头山遗址价值、知名度和可能吸引的人流量估计,打造考古遗址公园的可行性很高。井头山若要建设考古遗址公园,在国际上有许多经验可以借鉴。比如,澳大利亚 2019 年被联合国教科文组织列入世界遗产名录的布吉必姆文化景观,就和井头山遗址非常相像。这一措施亦能带动本地就业,促进产业结构转型升级,使井头山史前文化走出国门。

（三）面向世界人民,促进文化交流

井头山文化遗址完全可以作为宁波展示海洋文化的窗口。它是一个关乎人类农耕文化的历史性事件。对于研究东南沿海史前文明,井头山是具有重要意义的古迹遗址。完全可以像良渚一样,一代一代做下去。与此同时,我们也可以加强中外合作与交流,把中华文化和其载体传播出去。而我们完全可以从井头山遗址作为世界文化遗产的角度进行研究,对于丰富国际社会考古学交流,包括宁波对外宣传都是很有启发性的想法。

论文撰写过程说明:

在仔细斟酌之后,我选择了这个地方史的题材,是希望能从对井头山遗址的研究中,深入探究宁波地区的人类活动史和文明发展史,发现埋藏在宁波人民心中的文化之根。最后,在辛苦地查阅资料和思考之后,这篇小论文得以完成,所以我也非常感谢我的老师对我的指导。

在学习历史的过程中,我常常会对民族精神和中华文化起源产生好奇。尤其是在学到古代中国的农业经济时,我赞叹于中国人民在七八千年前就种植粟和水稻的辛勤,以及神农氏创制耒耜的智慧。人教版必修二教材中也提到:长期以来,农耕作为最基本的经济形式,支撑着中国古代的生产和生活。中国古代的重大文明成就,都是在农业经济发展的基础上取得的。而对于井头山遗址的深入了解,也丰富了我的历史知识的广度与深度。

在写这篇论文之前,我前往河姆渡遗址博物馆进行学习。对于河姆渡遗址的认识,让我更加深入地了解了史前文明,更加深刻地意识到井头山遗址的发掘具有多么大的历史意义。在向博物馆讲解员请教后,先人的创造与技艺让我崇拜至极。他们对于资源,尤其是贝类的应用更使我赞叹不已。我们现代的部分农村仍使用曾经的手工创造,诸如竹篮、草帽等编织物。在感慨的同时,我也希望属于我们民族的文化可以得到继承与发扬,让它走向世界。

中国的历史源远流长、辉煌璀璨,小小的一篇论文所述不过是冰山一角。总结地说,从历史中寻找脉络、深挖根源、积极探索,以使我们以一种新鲜的视角认识我们的历史,为增强民族文化自信尽一份绵薄之力,这就是我写这篇小论文的初衷。

教师点评:

该论文能选取考古热点,选题较为新颖,并能就农耕文化的起源问题进行探讨与分析,形成自己的观点,较为可贵。同时,通过该论文的写作,对于史学论文写作的基本规范有了一定的训练。不过,论文文笔还欠成熟,还需要后期的努力。

论甲午中日战争失败的原因

学生 周士刚 邵文杰 唐子轩 指导教师 孙一青

摘要:1894 年至 1895 年的甲午中日战争在中国近代史上是一个重要节点。它大大加深了中国的半殖民地半封建化程度,决定了中日两国命运与东南亚格局,列强掀起了瓜分中国的狂潮。洋务运动后,看似强盛的清政府为什么会输给了小国寡民的日本? 究其根本,还是因为清政府的腐朽、衰弱,在政治、军事、文化上都与日本相差甚远。甲午战争中国的失败是中国近代史上的一次惨痛教训。

关键词:甲午中日战争 失败 原因

前 言

1895 年 4 月 17 日,马关。一位老人带着同僚的沮丧、无奈,压抑着心中的悲愤、凄凉,缓缓地在眼前那张于他重如千斤的纸上,留下了自己迫于无奈的字迹。在周围那些因贪欲满足而兴奋地发亮的目光注视下,他站起身,任由凝重的气氛笼罩着他带伤的身躯。眼前是曾经称呼他为恩师的人……他明白,一切都结束了。

持续一年的这场战争,并不只是他的耻辱与不甘,在那个弱肉强食的年代,在那个列强肆意扩张的时代,这无疑如同一记响亮的巴掌,将中国这头虚弱的睡狮扇醒。它无情地揭示了那个潜在的事实——这艘腐朽的“大船”,已非改换船壳能拯救了。而它的东方邻国,却借此为踏板,终于在二三十年后跻身世界一流。无可否认,甲午战争是两个国家命运的交织之处,更是那个时代风云变幻的缩影。

（一）甲午中日战争爆发的原因

在中国的近代史上，甲午战争是一次重大的转折，对以后几十年中日的发展都产生了深远的影响。

1878年，日本设立参谋本部，推行大陆政策，将中国作为主要的侵略对象。1887年，日本陆军大佐小川又次写出《清国征讨方略》，详细论述了占领计划。1892年，日本完成了海路军事准备。1894年，以朝鲜东学党起义为契机，日本向朝鲜派遣军队，甲午中日战争爆发。从徐圣言所著的《清朝涉外战争史》中不难发现，日本准备之充分、图谋之深远。日本这般准备原因或许有以下三点：

一是朝鲜的地理位置。朝鲜半岛与日本仅隔对马海峡，朝鲜的控制权对日本国家安全极为重要，而当时的朝鲜虽然在1876年的《朝日修好条约》中废除了朝鲜形式上对中国的藩属关系，但事实上朝鲜政府仍以清政府为宗主国。日本对朝鲜控制权的丧失对日本造成了极大的威胁，坂本日郎在《日本史》中写道："朝鲜的地理位置就像是一把伸向日本心脏的短刀，日本要保证自己的独立就不能不关心朝鲜。"①

二是提高日本的国际地位。日本通过1868年开始的明治维新走上了现代化道路，1889年颁布了《大日本帝国宪法》，将日本从皇权政治变为立宪政治，在形成现代化国家方面取得了成功。但历史遗留的不平等条约一直无法解决，日本需要一场战争来提高自己的国际地位，达到修改条约的目标并使经济进一步腾飞。

三是日本国内政局的变化。明治维新以来日本将对外扩张的"大陆政策"作为基本国策，但对外策略没有统一。如1973年的征韩论，日本政府就因急征与缓征的问题而造成政府的大规模分裂，并催生了自由民权运动。1882年开始，政党受到政府严厉镇压，1883年帝政党解散、1884年自由党解散，改进党实力大为削弱，1887年保安条例驱逐民权派人士。之后，自由民权派虽然仍通过议会与政府展开斗争，但在对外策略上达成了一致，为发动战争创造了外部条件。

（二）甲午中日战争的经过

1894年，朝鲜爆发东学党起义，朝鲜政府向清政府求援派兵镇压。日本认为这无异是一个挑起战争的天赐良机。6月5日，日方建立"大本营"，作为战争最

---

① 坂本太郎著.日本史[M].汪向荣，武寅，韩铁英，等译.中国社会科学出版社，2008.

高领导机关，并密电公使大鸟圭介，借机挑起战争。中日双方之后开始关于朝鲜问题的交涉，但因日方有意滋事行为以及列强调停失败，中日、日朝谈判相继破裂。7 月 17 日，日大本营作出开战决定；7 月 20 日，日编成以伊东祐亨为司令的联合舰队，并向朝鲜政府发出最后通牒；7 月 23 日，日军突袭朝军，并逐步控制朝鲜；7 月 25 日，日不宣而战，于丰岛附近海域袭击清“济远”“广乙”两舰以及高升号运兵船。

8 月 1 日，中日双方正式宣战，至此，这场关乎国家命运的角力正式拉开帷幕。

自 7 月下旬以来，中日两军便已开始交战。成欢之战后，因腹背受敌，叶志超、聂士成等部被迫绕道北上至平壤驻防。至 8 月下旬，清方已在此集结了一万五千人，并逐步完善了城防。9 月 15 日，平壤之战正式打响，日方集结了一万六千人，分三个方向开展进攻。尽管有左宝贵等爱国将领和士兵的殊死抵抗，但因后勤问题以及部分官员临阵脱逃（其中竟还包括总指挥叶志超），清军还是于几日内溃败并一路撤退。21 日，剩余清军撤回鸭绿江，朝鲜全境沦陷。

在陆战打响的同时，双方的海战也在 9 月 17 日正式爆发。12 时，北洋舰队在护送兵员的途中与日本联合舰队相遇，随后双方开始交火。北洋舰队摆出了雁形阵直冲日本舰队，但日舰很快凭借航速和火力优势，攻击位于侧翼的“超勇”“扬威”两舰。13 时 30 分左右，超勇号沉没，管带黄建勋就义。但在北洋舰队右翼崩溃之时，日本舰队的“比睿”“赤城”两舰也遭重创。14 时 15 分左右，日本舰队对北洋舰队成夹击之势，于此危难之际，已浑身是火的“致远”号突然全速撞向一游旗舰吉野号。虽该舰最后爆炸沉没，其管带邓世昌殉国，但此举打乱了日方阵型，无疑拯救北洋舰队于水火之中。之后尽管人员伤亡惨重、经远舰战沉、管带林永升殉国，但随着战线拉近，定、镇二舰逐渐发威。15 时 30 分，日旗舰“松岛”连中两发 305 毫米炮弹，后又弹药库爆炸，遭到重创，“吉野”“扶桑”两舰的情况也不容乐观。17 时 40 分，联合舰队司令伊东祐亨下令撤出战场。此役终以清方损失 5 舰，日方 5 艘重伤而以日方惨胜告终。尽管北洋舰队尚有一战之力，但糟糕的后勤和维修问题，以及清帝国高层的内部原因，北洋水师无奈采取避战保船的政策。

在失去制海权后，因估计日将入侵辽东半岛，李鸿章受谕速谋战守，鸭绿江防线随后产生。该防线共集结 82 营清军计 3 万余并陆续有全国援军赶来，似乎御敌于国门外也未尝不可。然而,10 月 24 日日军刚一进攻,这条防线就迅速瓦解,清军之兵员素养可见一斑。至 26 日九连城、安东被占领,鸭绿江防线彻底失守。10 月下旬,为占领旅顺,并危及北洋舰队,日军发动了金旅战役。该战役持续近一个月,双方在旅顺展开了激战。尽管日军掌握了制海权,但驻防的北洋陆军及拱卫军在要塞炮配合下依然给日方带来了很大伤亡。可惜剩余军队寡不敌众,11 月 21 日,旅顺沦陷,辽东彻底失守。

度过短暂的冬天之后,1895 年 1 月 20 日,日本第二军在大山岩大将指挥下,与海军配合进攻北洋水师基地威海卫。尽管威海卫建设多年,防御设施完备,但因缺乏与陆军的配合且战守不定,仅存的清军很快被合围。30 日,南帮炮台沦陷,虽然清军不断抵抗,但至 2 月 3 日,威海卫陆地悉数沦陷。“定远”管带刘步蟾在得知求援无望且弹药告罄后绝望自杀。提督丁汝昌、“镇远”管带杨用霖也在拒降后自杀。14 日,残部与日方签订《威海条约》,北洋水师正式投降。17 日,日军登陆,刘公岛基地沦陷,北洋舰队最终全军覆灭。4 月 17 日,伴随《马关条约》的最终签订,甲午战争结束。

(三) 甲午战败的原因

甲午战争以清军溃败,清朝被迫签订《马关条约》而结束。而在战前,日本对中日军队的评价却是伯仲之间,造成这个反差的原因是多方面的。

一是军事层面。就技术装备而言,1888 年《美国海军年鉴》将北洋海军位列亚洲第一,世界第九。但由于建军后没有后续的投入,渐渐落后了。《北洋海军》记载:“北洋舰队主要功率要比日本舰队少一千八百五十马力,平均时速要少两海里,平均舰龄则要大两年”,①在武器装备方面处于明显劣势。更为严峻的是清军指挥系统上的混乱,清朝的海军与陆军不会协同作战。陆军派系林立,如淮军主将宋庆得知日军攻陷牛庄后率部退守田台庄,湘系主帅吴大澂不与其共守田台庄而是退往双子台,最终导致了被击杀烧死 2000 多人的悲惨结局。派系的林立使战斗难以统一指挥,战争的失败也就不难理解了。

二是对战争的不同态度。户部良一所著的《日本陆军史》记载:“日本军队人数由 1886 年的 5 万 8 千人到 1893 年的 7 万 3 千人,军费支出由 1885 年的 24.5%

---

① 戚其章著.北洋海军[M].中国社会科学出版社,2015.

到 1893 年的 27%”。[①] 徐圣言编著的《清朝涉外战争史》记载:“睦仁年年都要省出内廷之费,每年拨下 30 万日元。同时,要求文武官员纳其薪俸的十分之一,以补造船经费之不足”。[②] 与日本的积极备战相比,清朝内部以慈禧太后为首的后党和以光绪帝为首的帝党仍在争斗不断,但对于日本的威胁,却希望俄、英等列强调停,没有开战的打算,最高统治集团的混乱与乞降使得战争难以进行。

如今,中国已经再度强大起来,自新中国成立与改革开放以来,中国人民逐渐“站起来”“富起来”“强起来”,在当今的国际局势中扮演着重要角色。

参考文献:

1. 刘丙海著.潜蛟出水[M].金盾出版社,2015.
2. 武国卿著.中国战争史第七卷[M].人民出版社,2016.
3. 关捷著.甲午中日战争全史[M].吉林人民出版社,2005.
4. 李文教授在“甲午战争学讨论会”上的讲话.
5. 宋毅著.海上争霸:世界古代著名海战[M].海洋出版社,2019.

论文撰写过程说明:

出于对历史教材之外的思考以及认真讨论后,我们决定对甲午中日战争的具体经过进行剖析。此次在查阅有关文献资料之中,我们了解到了国家之间的那段过往,并有了新的认识,因而有感而发。在学习历史的过程中,我们常常会对战争的发生和发展产生兴趣,这次也不例外,并希望能通过自己的学习更全面地认识这场战争的全貌。在写论文的过程中,我们前往图书馆查阅资料,逐渐了解到历史研究的困难。浩如烟海的资料,多样的观点,以及厚厚的历史文献都成为我们探究战争全貌的阻碍,但通过我们不断地学习,查阅了多种文献,向师长征询了建议并观看相关的纪录片,还是较为成功地完成了这次学习活动。在这次活动中,我们意识到战争作为人类社会矛盾的最高体现,不仅是后人还是我们学生,其中的原因、教训等都是应该铭记的。

---

① 户部良一著.日军陆军史[M].韦平和,孙维珍,等译.社会科学文献出版社,2016.

② 徐圣言著.清朝涉外战争史[M].江苏大学出版社,2018.

《维纳斯的诞生》

——从三幅画观西方审美之潮

学生 顾秉娴 指导教师 肖 虹

摘要:同名画作在美术史上并不少见,特别是神话主题。本文从“维纳斯的诞生”这一题材中选取三幅不同时期的杰出画作,通过对这三幅画在形式、内容、反响上的纵横比较,探讨分析西方不同历史时期的审美风格与审美趋向。

关键词:维纳斯的诞生 审美观念 审美变迁 文艺复兴 19世纪艺术

维纳斯,这一爱与美的女神,自古希腊《荷马史诗》问世后便广为人们所津津乐道(希腊称之为“阿芙洛狄忒”)。在西方的艺术史上,维纳斯可谓举足轻重,无数艺术家刻画过维纳斯的形象,以致后来维纳斯成为美丽女性的代名词。

一、波提切利的《维纳斯的诞生》——形式的拘束,内容的超越

谈到名画《维纳斯的诞生》,大多数人的第一反应会是波提切利的这张维纳斯的诞生(约1482—1484)。最早有关这一题材的绘画作品可能是公元前79年庞贝城的一张壁画。据传,波提切利创作这幅画是受到同时代诗人波利齐安诺长诗《吉奥斯特纳》的启发,诗中描绘超凡脱俗的年轻貌美的维纳斯站在贝壳上降临的盛况。但波提切利是否看到过或间接受到这幅庞贝壁画的影响,就不得而知了。

波提切利创作这幅画是受到当时权贵美第奇家族的委托,不同于中世纪千年来的宗教题材,大胆地将有别于基督教的异教神维纳斯当作表现的对象。而这也是千余年绘画史上首次以裸体展现媲美古希腊裸体雕塑的女性形象。这样的绘画出现并非偶然。

波提切利是文艺复兴早期画家。现在的高中教科书上将文艺复兴的时间定为14到16世纪,中世纪一般被认为是5世纪到15世纪,那么文艺复兴的早期实则也可以说是中世纪的晚期,这两者的交替并非是一蹴而就的,也并不是简单的前者对于后者的否定。中世纪在很长一段时间都被称为黑暗时期,似乎是古代希腊罗马与文艺复兴两座高峰之间的低谷,当时的代表"哥特"风格也有被妖名化。那么中世纪的艺术到底是什么样子的呢?

中世纪的很大部分艺术实则是为宗教服务的,宗教需要人人都能看懂(中世纪有许多不识字的人)的绘画来帮助宣传教义,这就抑制了创作者本身情感的抒发,在创作艺术的时候过分追求神性而抹杀人性,使得中世纪的绘画显现出"僵硬""千篇一律"的情况,例如拜占庭绘画的金色背景、圣子沧桑的面庞等。而文艺复兴就是在借"古典"之名,提出对中世纪的抗议。随着资本主义经济的发展,市民阶层的兴起,人文主义者纷纷开始创作,这些人文主义者开始关注人,关注人的生活。因此也有像我们所谈论的这幅画一样为人的需求而生的绘画了。

那么中世纪的艺术就一无可取吗?这样的说法现在来说显然是行不通的,早已有学者为中世纪艺术正名。我们先暂不提中世纪艺术的绘画内容与其超验价值,姑且让我们谈谈它的形式对后世的影响。可以说文艺复兴绝大部分绘画的经验还是要从中世纪而来。中世纪绘画的实用性和装饰性都很强,当时还没有出现透视,绘画时用的是简单的写实,带有程式化的意味。我们看波提切利这幅画,与我们所熟识的文艺复兴的风格是大相径庭的。当时佛罗伦萨的画家都会营造一个立体空间来显示线性透视的运用,构图也力求稳健。而《维纳斯的诞生》仅用线性来造型,人体比例也有问题,维纳斯的站姿也是理想化的不稳的,或者说波提切利是在乔托基础上的发展,对于乔托的评价"绘画的艺术必须有幻想"完全也适用于波提切利。人物都偏向于在同一平面,强调了绘画的装饰性,这点似中世纪的绘画,对人物的描绘颇似现在的插画。波提切利刚好处于这样一个审美转型的浪潮中,这也不难解释为何他晚年在米开朗琪罗崛起时会如此凄凉了。

但是细看这幅画,我们从中能得到的属于文艺复兴的精神不逊于其他任何一幅绘画。我们可以看见维纳斯的表情是迷茫的,但不是麻木的,她是鲜活的。根据神话,神一出世就是成年的,维纳斯没有经历过童年,像我们每个人一样,对于这个陌生的世界，或许她是惊恐的。成人的身躯与孩童稚气的眼神形成矛盾，作者就在这矛盾中复活，这似乎是他的心灵写照，面对人文主义思潮的憧憬与忧虑。

这是一个过渡期，从黑暗时期走向人文主义，这个时代的神秘就像维纳斯脚底的贝壳，是涩泽龙彦的哲学中的“胎中宇宙”。那么这个时代的魅力，那股审美之潮，就是维纳斯自己。她立于时代巅峰的绝妙平衡之上又摇摇欲坠，她注视着中世纪的圣咏与马赛克画，凝望每一个观画的人，当她从贝壳上走下，穿上春神递来的衣服，也就是滚滚时代之潮向前翻涌的时刻。

二、新古典主义法国学院派的《维纳斯的诞生》——古典与现代、理想与普世的抉择

笔者所选取的另外两幅作品分别是卡巴内尔 1863 年的创作和布格罗 1879 年的创作。这两幅画的创作时间和绘画风格都比较相近，但当其刚问世时所遭受的待遇却各不相同，这也能很好地展现了时代审美潮流的变迁。

19 世纪，本就是革命与冲突的时代，对于艺术史来说也是一个充满着冲击的时代，绘画的形式与内容都有了巨大的突破，为 20 世纪现代艺术铺好了基石。而卡巴内尔和布格罗所支持的法国学院派在这“动荡”的审美之潮中难以立足，如果说前者还在初期有过一定的辉煌，那么对于后者来说就只剩下冷嘲热讽了。

卡巴内尔创作的《维纳斯的诞生》，不同于另外两幅站在贝壳上的姿态，这个维纳斯是横卧在水面上的，这是卡巴内尔独创的维纳斯诞生的姿态。这个姿势我们在以往的画作中不难找到，最早可以追溯到文艺复兴时期乔尔乔内的《入睡的维纳斯》。美国历史学家罗森布鲁评论说：“这幅作品徘徊在古代女神和现代梦幻之中。”

1863 年春，这幅作品参选法国艺术沙龙且引起巨大轰动，拿破仑三世购买了这幅作品，使得卡巴内尔一时间声名鹊起。卡巴内尔于 1864 年担任巴黎美术学院教授，后来成为巴黎 19 世纪学院派艺术的主力。有说法卡巴内尔画这幅画是为了证明可以把裸体画得不色情，但当时仍有“画了一个粉嫩光滑，放荡而有肉感的裸体”这样的批评。不过讽刺的是，同样参与并落选该次沙龙的里尔克笔下真正的画家爱德华 · 马奈的《草地上的午餐》，而这幅画落选的理由就是“不得

体”“无耻到了极点”。但是后来的历史给我们开了一个玩笑,马奈作为法国现实主义画家与印象派代表人物在艺术史长河中留下了浓墨重彩的一笔。

后来到后印象派成为潮流时,主流媒体就加入了大作家左拉支持高更、塞尚的行列里来批评卡巴内尔“古板”“守旧”。到 1879 年,布格罗的《维纳斯的诞生》问世,可以说是无人问津。布格罗这幅画可以说是 19 世纪法国学院派的典型代表作,在构图上受到拉斐尔《加拉塔的胜利》和波提切利同名画作的影响,运用的意象是保守的、古典的,画风细腻,人体充满理想性。如今的我们来看这幅画是可以比肩文艺复兴时期的大师的。但在当时学院派与现代派的对决中,现代派占了上风,过分地强调个人主义和普世价值,从而极大地影响到了对这幅画的客观的评价。

一幅作品无法脱离时代的枷锁,当追求小资享乐、照相技术发展、光学研究热潮席卷欧洲之时,印象派不可能不被推上神坛,新古典主义也不能不给前者让开一条道路。人们的审美在这一时期从理想化的神性的转变到追求世俗的属于生活的,正如我们看到的《草地上的午餐》,还有像雷诺阿的《煎饼磨坊的舞会》种种,乃至步入 20 世纪后奇特的注重情感表达的现代派艺术。

三、反思与总结

一个真正好的作品可能会被时代拘束,但不可能被时代遗忘。像博斯的《人间乐园》一样,好的画作不会过时,甚至会在时代的变迁中重新被赋予新的审美内涵。

波提切利的画作在文艺复兴盛期来临时便渐渐隐退,而在 19 世纪又被反对学院派的拉斐尔前派所赏识。波提切利的唯美与装饰性影响到了拉斐尔前派的创作,对 19 世纪后半期的绘画、装饰、书籍装帧和工业设计图案间接地产生了极大影响。

而在 20 世纪 70 年代艺术史学家们重新挖掘布格罗作品的价值,并于 1984 年巴黎大皇宫美术馆举办布格罗的盛大回顾展,他们还出版画册,这一举动使得 19 世纪法国学院派重新受到关注。在 20 世纪现代派的狂轰滥炸下人们出现了审美的疲劳与迷茫之时,布格罗等一批学院派画家的作品无疑给了人们温存,给予了当时的人一个直白的可被简单理解的心灵港湾。就此,这些作品时隔经年又活了起来。

这些种种不是简单的死灰复燃,而是人们对于艺术理解一次又一次的超越。从文艺复兴推翻中世纪的死板与平面程式化,到拉斐尔前派反对统治艺术界百年来的拉斐尔普桑式的学院风;从印象派提倡科学之光,后印象派追求情感表达来抗议古典主义,到战后的千疮百孔的人心被古典的宁静抚慰。这一次次的回顾与创新中,审美之潮绵绵不绝、向前涌流。

参考文献:

1. 欧阳英.外国美术史[M].中国美术学院出版社,2008.

2. 唐纳德·雷诺兹.剑桥艺术史(19世纪艺术)[M].钱乘旦,译.译林出版社,2009.

3. 曹意强,麦克尔·波德罗等著.艺术的视野——图像研究的理论、方法与意义[M].中国美术学院出版社,2007.

4. 黄子桐.从中世纪西方基督教艺术看宗教与艺术之争[J].名作欣赏,2017(03).

5. 宁琪,金薇薇.论中世纪基督教绘画对文艺复兴时期绘画的影响[J].艺术评鉴,2018(23).

6. 袁晓璐.19世纪法国学院派与先锋派:以布格罗为范例的再研究[J].艺术教育,2016(03).

7. 王子明.绘画史上的匆匆过客——布格罗[J].美术大观,2013(03).

8. 佚名.古典与唯美——法国学院派画家的代表卡巴内尔[J].美术大观,2013(10).

选题说明:

笔者偶然间看到微博上关于《维纳斯的诞生》历代绘画的合集,不禁对其产生了兴趣。早在此之前了解到古希腊同名浮雕的时候,就有以对比几幅画来写一篇文章的打算。后来通过对微博上给的每幅绘画相关资料的查找,以及在艺术通史学习中的一些感受,从中就选出了三幅最具代表性的画来。这里的代表性不是指时代代表性,其实要说能代表时代风格的画作,这三幅画是不如布歇、安格尔甚至德沃尔的画来得那么典型的。

但是这三幅画都颇负盛名,同时因散发着的矛盾的魅力而深深地吸引了笔者。至于在讨论关于艺术审美趋向的问题中,除了这几幅画本身就在艺术史巨大变革之际有着“趋向”的特征外,笔者还有意表达一种类似“审美循环”的概念。审美本就是主观的,没有对错之分,而前几年流行的现在又再次流行,这样的现象确实在当今生活的时尚界也有所表现,不得不说是非常有趣了。

教师点评:

作者选取了三幅不同时期的同一题材的美术作品——《维纳斯的诞生》,结合不同时期的时代背景,从构图形式、人物姿态以及作品反响方面进行对比分析,揭示了从中世纪到文艺复兴再到 19 世纪西方审美风格和审美趋向的变迁。本文语言优美流畅,结构完整清晰,分析有力到位,见解深刻独到,其中涉及很多艺术流派,作者如数家珍,可见其用心程度,也展示了作者深厚的文学艺术和历史文化功底。尤其是最后的结论,审美之潮“不是简单的死灰复燃,而是人们对于艺术理解一次又一次的超越”,是“一次次的回顾与创新”着实令人惊叹。

探究宋代女性的社会生活

学生　张雨晴　　指导教师　苏顺娇

摘要：宋朝，是一个文化空前繁荣的朝代，是最早出现资本主义萌芽的时代，也是压抑人们思想的理学开始兴盛的朝代。那时女性的生活会是怎样的呢？是在理学禁锢之下过着单调保守的生活，还是另有一番风趣呢？其实，宋朝的女性生活远比很多人想象得丰富有趣，但无论怎样，封建礼教对女性的禁锢依旧存在，宋代封建社会的本质是不可忽视的。

关键词：宋朝女性　开放　日常生活　服饰

近现代以来，大部分人心中一直有这样一个共识：我国古代的封建礼教对妇女的禁锢十分严重，到了宋代，由于理学的发展，则更甚。古代女子终其一生都生活在三从四德的枷锁之下，过着相夫教子的碌碌人生。而事实果真如此吗？在搜寻了多方面资料之后，我发现那个时代正渐渐褪去它冰冷的外衣，真实鲜活地向我们走来。

东风落靥不成归

在许多人的观念里，古代女子是大门不出、二门不迈的。因为男女有别，闺阁女子不可在陌生男子面前抛头露面。而宋代《东京梦华录》中的记录却与这一观念截然相反。卷二的“饮食果子”一节里写道：“更有街坊妇人，腰系花布手巾，绾危髻，为酒客换汤斟酒”。这说明古代民妇不但能出现在公共场合，还能从事经营活动。

《清明上河图》中疑似从事生产劳动的妇女

而在贵族妇女当中，也并没有太多这样的忌讳。《东京梦华录》卷六写道："贵家妇女纵赏观赌，入场观看，入市店饮宴，惯习成风，不相笑讶"——她们可以随意出入酒馆茶肆，观看表演，"不相笑讶"说明当时确有女子不宜抛头露面的观念存在，只不过已经从人们的意识里淡化了。书中还提到"仍有贵家仕女，小轿插花，不垂帘幕"——这进一步说明了她们并不在意让自己的形象暴露在外男面前。

宋代妇女如此开放的习俗，与宋代商品经济的繁荣应该不无关系。在金翠耀目、罗绮飘香的大宋闹市中，妇女绝对占据着广阔的市场。《东京梦华录》中的"冠梳、珠翠、头面、花朵"，就是专门为妇女准备的商品。当妇女这一庞大的消费群体被解放出来时，势必进一步推动商品经济的飞速发展。而朝廷也没有像从前那样打压商业活动，反而乐见其成。政府不但允许正店(即高档酒楼)和乡间自由酿酒售卖，还一度发放"青苗钱"贷款鼓励民众消费。政府对经济的刺激，不但将宋朝商业推向鼎盛时期，也诱使无数佳人走出深闺庭院，漫步在东京城繁华的街头。

商业的发展自然带来了夜市的兴盛。在唐朝，市是定时聚散的："以日午击鼓三百声而众以会，日入前七刻……而众以散。"宋市则基本取消了夜禁，买卖通宵达旦，往来不绝。根据《东京梦华录》的描述，当时的茶坊酒肆会高缚彩楼欢门，或打起旌旗、灯箱，一到夜间，"珠帘绣额，灯烛晃耀""绣旆相招，遮翳天日"。在这样的夜市中，也少不了妇女的身影：山子茶坊里的仙洞、仙桥，就是仕女夜游时常常聚饮的场所。

正月的夜市尤为热闹，而且在这段特殊的时间里，出门的妇女会佩戴"闹蛾"，即一种装饰在发冠上的蛾形花饰。与之同时的还有雪柳、玉梅、灯球等，形制各异，不一而足。在银烛辉煌的人烟深处，辛弃疾就曾被这样装扮的一位女子吸引过目光："蛾儿雪柳黄金缕，笑语盈盈暗香去。众里寻他千百度，蓦然回首，那人却在，灯火阑珊处。"

元朝及以后，统治者恢复了夜禁制度，曾经充满活力的夜市再一次受到压制。而那位簇戴着蛾儿雪柳的少女，也就永远定格在了宋代的人间星河中。

绛绡缕薄冰肌莹

服饰也是女性社会生活的一个重要组成部分。宋代女性的服饰具有哪些特点呢？我想第一点，就是形制上的开放性和活泼性——这与许多人的想象或许大相径庭。大家一度认为，入宋之后，由于程朱理学的兴起，女性的服饰风格开始变得拘谨、呆板。然而，无论是现存的史料，还是多位学者的考证，都已经推翻了这一观点。

《东京梦华录》的"娶妇"一节中提到了"戴盖头，着紫褙子"的媒人，《宋史·舆服志》也曾规定未婚女子的礼服为"冠子、褙子"。那么，什么是"褙子"呢？这是宋代妇女间通行的一种外衫。在形制上，它继承了晚唐、五代大袖衫的对襟样式，又加以一定的改动：缩短了衣长，变宽袖为窄袖，从而显得更加简洁适体、灵活方便，它的适用性也大大增强，被推广到社会的各个阶层。

身穿"褙子"的女性，往往还会继承唐代女性内衣外穿的习惯，直接在褙子里搭配抹胸，女子的脖颈和一部分前胸便会毫无遮掩地袒露出来。不仅如此，她们还喜欢在盛夏穿纱衣，让肌肤在半透明的纱衫下若隐若现，于大胆奔放中悄寓了一丝朦胧的含蓄美。宋代晏殊有词为证："玉碗冰寒滴露华，粉融香雪透轻纱。"

我们总喜欢对着《簪花仕女图》中的仕女服饰大谈唐代的开放，但可这样看来，宋代女性衣着的开放程度并不输于唐代。而在宋代以后，却鲜有这种情况了：元至明中期的妇女先是采用高交领遮掩前胸，到了晚明和清朝，"立领"的出现又把女性的脖子也遮掩了个严实。服装的形制也逐渐变成了相对僵硬的上袄下裙——"拘谨、呆板"用来形容明清妇女的服饰倒还确切，但用来形容宋代妇女，是不妥当的。

为什么宋代以后妇女服饰会出现这样的变化呢？除了理学发展带来社会观念的僵化外，我想还有气候因素在其中。竺可桢先生的《中国近五千年来气候变化的初步研究》显示,中国的气温在宋朝以后持续下行:“十二世纪初期,中国气候加剧转寒……十四世纪又比十三世纪和现时冷”,这么估计下来,明朝确实比宋朝冷得多。文中的两张表格也显示出,14—17 世纪,长江流域河流结冰和热带地区降雪落霜的年份变得空前集中。看来,明清妇女把自己多裹几层也不足为怪。

长江流域河湖结冰的年代

年代 (一世纪的四分之一)	太湖	鄱阳湖	洞庭湖	汉江	淮河
1901—1970 年			1955	1955	1955
1900 年					
第四	1877, 1893		1877	1877, 1886, 1899	
第三	1861	1861, 1865		1865, 1871	
第二		1840		1830	1845
第一					
1800 年					
第四			1790		
第三	1761				
第二					
第一					1715, 1720
1700 年					
第四	1683, 1700		1690	1690, 1691	1690
第三	1654, 1665	1670	1653, 1660	1653, 1660, 1670	1653, 1670, 1671
第二					1640
第一			1621	1620, 1621	1619
1600 年					
第四	1578				
第三	1568				1564
第二				1529	1550
第一	1503, 1513	1513	1510, 1513	1519	
1500 年					
第四	1476			1493	
第三	1454				1454
第二				1449	
第一				1416	
1400 年					
第四					
第三	1353				
第二	1329				
第一					
1300 年					1219
1200 年以前	1111			−879, −901	225, 515, 1186

中国近海平面的热带地区降雪落霜的年数

一世纪的四分之一	年数						
1900							
第 4	1878	1882	1893				
第 3	1854	1856	1862		1864	1871	1872
第 2	1831	1832	1835	1840	1846		
第 1	1824						
1800							
第 4	1781						
第 3	1757	1758	1763	1768			
第 2	1729	1737	1742				
第 1	1711	1713	1721				
1700							
第 4	1681	1682	1683	1684			
第 3	1654	1655	1656				
第 2	1635	1636					
第 1	1602	1606		1621			
1600							
第 4	1578						
第 3							
第 2	1532	1536	1537	1547	1549		
第 1	1506	1512	1522				
1500 以前	1245	1415	1449				

竺可桢《中国近五千年来气候变化的初步研究》中的数据表格

宋代妇女服饰的第二个特点是淡雅。在它之前,那个四方来朝的大唐盛世里,妇女的性格一如那热情、奔放的大国民风。她们不但喜欢浓艳的服饰,还会穷尽想象,创造出一些千奇百怪的夸张妆造来。白居易的《时世妆》就曾描写:“乌膏注唇唇似泥,双眉画作八字低。妍媸黑白失本态,妆成尽似含悲啼……”

在之后的元、明、清,也喜欢采用艳丽——或者说是艳俗的配色。宫廷画中的嫔妃穿着的色彩饱和度比起前人大幅提高,且大面积采用红、黄、蓝三原色。同期出现的粉彩、斗彩瓷器,乃至明清故宫的配色,都呈现出这样的特点。毕竟元、清是游牧民族建立,而统治明朝的朱家又是农民起义出身,这一时期的社会风尚会多一些“武”气,难免带来审美的俚俗化。

唐代《弈棋图》

南宋《招凉仕女图》

《明宪宗元宵行乐图》中的宫女

宋朝奉行崇文抑武的政策，宋词、散文、茶艺、书画等艺术文化空前繁荣。妇女的服饰受其影响，带了不少“文”气。她们的衣饰往往色彩灰度较高，看起来浅淡柔和。她们画的妆容也一改唐五代的浓艳之风，变得素淡起来。贺铸《小重山》词云：“淡蛾轻鬓似宜妆，歌扇小，烟雨画潇湘。”

又有一首《采桑子》写道：“理罢笙簧，却对菱花淡淡妆。”

薄施朱粉、淡扫蛾眉的女子，身披轻纨，信步在大宋的风雅气息中，即宜蛾儿雪柳的活泼俏丽，又宜清水芙蓉的天然脱俗。既富生香熏袖、活火分茶的文人气质，又有轻解罗裳、独上兰舟的豪爽风度。

风住尘香花已尽

写到这里,似乎宋朝对女性的约束也并不是十分严格?那又错了。成书于宋朝的《女论语》明确指出:"立身之法,唯务清贞……三年重服,守志坚心",要求妇女为夫守节。还明确规定妇女在家"莫出闺庭,莫露声音",事夫"退身相让,忍气低声"。虽然随着经济的发展,民风逐渐活跃,这些条文未必完全发挥了它的约束力,但不可否认的是,它始终存在,并始终如一道无形的枷锁,限制了女性的青春活力。更何况提倡"饿死事小,失节事大"的理学,也是始兴于宋。

宋朝到底是封建王朝,无论妇女的生活比起我们的想象有多开放,但那也都是建立在男尊女卑、三从四德基础上的相对开放,不值得多加褒扬。这里只是想说明,每个时代都有它的两面性,有落后保守的一面,也有生动鲜活的一面,我们不应只以主观判断和标语化的思维去定义一个朝代,而是应该尊重历史,尊重事实,尽可能全面、客观地还原和评价一个时代的真实面貌。

参考文献:

1. 孟元老.东京梦华录[M].郑州:中州古籍出版社,2016.
2. 孟晖.潘金莲的发型[M].南京:南京大学出版社,2014.
3. 吴钩.风雅宋[M].桂林:广西师范大学出版社,2018.
4. 竺可桢.中国近五千年来气候变化的初步研究[J].考古学报,1972(1).
5. 女四书[M].北京:中国华侨出版社,2011.

教师点评:

文章从宋代女子出行、衣物的角度,分析了当时女子在社会生活中的状况,并结合当时的社会、经济、气候条件加以分析,思路清晰,参考文献有理有据,而得出自己的结论,对一名在校高中生来说实属难得。

从日德兰海战看当今中国海军的发展方向

学生　樊乐平　干亦涛　　指导教师　陈科锰

摘要：回望战列舰的巅峰之战——日德兰海战已经过去了百余个年头。战后，德国海军虽以少胜多，但实力强大的英国海军仍牢牢地控制着制海权，德国海军被迫龟缩在军港中，最终在凡尔赛和约下苦苦挣扎。虽然今日大炮巨舰的时代早已远去，英国曾经不落的旭日也已镜花水月，但海权依旧维持着大国之间的利害关系以及国运兴衰。日德兰海战所带来的影响在今日仍不可忽视，其背后所反映的战略思想更是被各国学者所反复研究，也给中国海军发展方向提供了新的思考。

关键词：日德兰海战　中国海军　战略　发展

一、对日德兰海战的分析

凡尔登战役失败后，德军将主要战场转向了海上。德国公海舰队司令舍尔将军制订了一个使用本方战列巡洋舰，诱出英国大舰队一部并将其歼灭的作战计划；与此同时，英国大舰队司令杰里科将军也制订了一个几乎相同的作战计划，只是预定的实施时间稍晚。但英国海军的密码破译机关破译了德军的电报，使英军对于德军的行动了如指掌。

1916 年 5 月 31 日，双方舰队在丹麦的日德兰半岛附近相遇，随即爆发海战。5 月 31 日下午的海战中，英国战列巡洋舰“玛丽女王”号、“不倦”号、“无敌”号，装甲巡洋舰“防御”号被德军击沉。德军战列巡洋舰凭借优良的防护以及精准的炮火使英军损失惨重。5 月 31 日夜间，自知不敌的舍尔将军开始在烟幕的掩护下撤退。而在德军试图突破英军包围圈时，其舰队曾多次与英国大舰队接近，但由于英军将领过分的谨慎与英军指挥体系的僵化，英军最终错失了歼灭德国舰队的机会，自身却在夜战中损失惨重："黑王子"号装甲巡洋舰以及多艘驱逐舰被击沉或重创，且仅仅取得击沉德军"波美拉尼亚"号前无畏舰的战绩。6月1日凌晨，德军已突破英军包围圈，返回威廉港，英军也只得撤退。德舰"吕佐夫"号、"罗斯托克"号、"埃尔宾"号等以及英舰"武士"号等因进水过多或失去动力而自沉。

二、对当今中国海军发展方向的思考

（一）当今中国海军与当年德国公海舰队战略形势的相似之处

1. 地理位置

德国地处欧洲的"十字路口"，战略位置十分重要。但在大陆区位上占优的同时，其海岸线就显得短窄。德国只有北面靠海，且其海岸线被丹麦分割成两部分：东海岸线濒临波罗的海，它是一个几乎完全封闭的海湾，深入大陆腹地，基本没有战略价值。西边濒临北海，德军出入大西洋的航路只有由英法掌控的丹佛海峡和苏格兰与挪威间的北海海域。"一旦皇家海军能够实现对以上两条航路的封锁，德国海军便无异于瓮中之鳖。"这也使得英国在"一战"爆发后能够迅速封锁德国海军，而德国海军也被迫发起日德兰海战来冲破英军的囚笼。

反观当时的大英帝国在20世纪初达到鼎盛，其领土涵盖全球六大洲，面积约占世界陆地总面积的四分之一，各种优良港湾更是不计其数。英国首相帕默斯顿在他的遗言中这样写道："北美和俄罗斯的平原是我们的谷仓；芝加哥和敖德萨是我们的矿区；秘鲁送来白银，南非进贡黄金；至于我们的棉花种植园正在从美国南部向地球一切温暖的地方扩展。"大英帝国的地理位置之优也可见一斑。并且其本土英伦三岛孤悬于北大西洋之上，舰队进出不受任何制约，也为其日后赢得"一战"奠定了基础。

再说说今日之中国，我国虽拥有广袤的海岸线以及众多的优良港湾，但我国的海权短板明显，我国五千年农业文明对陆地的重视也造成了对海洋的忽视。我国所濒临的西太平洋近海受到过多的岛屿和群岛的包围（即岛链的封锁），使我国海军出航严重受制于近海。在新中国成立之初，美国利用第一岛链将弱小的人民海军封锁了三十年之久。虽然如今我海军已能自由进出西太平洋，但一旦进入战时状态，岛链的包围仍会对战局产生不利的影响。

与我们目前的主要战略对手美国相比,我国在地理位置上就落了下风。美国作为目前仅剩的超级大国,不仅本土濒临两大洋,拥有着战略位置极其重要的阿拉斯加,还在全球设有数百处军事基地。一旦有战事发生,战区附近的航母战斗群可迅速进行军事威慑或介入战争。

2. 海军力量

德国公海舰队在当时名列第二,总吨位达百万吨,仅次于皇家海军,拥有着主力无畏舰 21 艘和战巡 5 艘作为主力,由阿尔弗雷德·冯·提尔皮茨海军上将缔造而成。虽然在德皇威廉二世的支持下大力扩展,但其总实力始终弱于英军。

英国皇家海军实力是当时当之无愧的第一。“一战”爆发时,英国海军编有本土舰队、地中海舰队、远东舰队和后备舰队,总兵力 20 万人。其麾下的 28 艘无畏舰、9 艘战巡舰堪称绝对主力,总吨位近 300 万吨,足以傲视群雄。如此大的差距也使得德国在“一战”爆发初期采取了“避战保船”的策略,始终没有勇气与英国海军进行主力决战。

如今中美海军的情况与百年前英德海军不是一般的相似。中国海军经过 20 年的“下饺子”发展,已经跃居世界第二海军。各式新型主力舰艇层出不穷,正大踏步地从黄水海军迈向蓝水海军,总实力仅次于美国,是西太平洋最大规模的海上武装力量。而美国海军现居首位,它是当今规模最庞大、吨位最高、装备最先进的海军。在如今航母称霸的时代,其十一艘核动力航母拥有着毋庸置疑的威慑力。不得不说,美国海军正是我国今后所要努力的目标。

(二) 日德兰海战的教训

德舰使用的炮弹主要弹种为被帽穿甲弹和弹低引信高爆弹,英舰则为被帽穿甲弹、被帽尖端普通弹和弹头引信高爆弹。双方使用的穿甲弹的主要材料类似,但英制穿甲弹弹头的硬化程度要比德制炮弹大,实战中更为易碎。且英制炮弹没有配备衬套和延时引信,故英制穿甲弹在命中重装甲后易发生碎裂而不能击穿装甲,其在日德兰海战中的表现令人失望。

大部分德制主炮的发射药储存在黄铜弹药桶容器中,而英制主炮的发射药被分成四等份,每份被置于单层丝绸包裹中,且配有点火剂。在从容器中取出后,德制发射药并不耐火,但其着火较慢且发射药本身的燃烧也较为缓慢。当若干发射药在极短的时间内剧烈起火,也不会导致压力上升到警戒数值,故在多格尔沙洲之战中，德舰“塞德利茨”号后两座主炮塔中即使有 62 份主炮发射药起火也没有发生爆炸。而在日德兰海战中，英舰上暴露在外的发射药过多也只是其舰只发生殉爆的次要原因：“雄狮”号的 Q 炮塔中仅有 8 份发射药起火，却几乎导致军舰殉爆。主要原因则是柯达无烟发射药极不稳定，如果炮塔中的发射药起火而没有及时对其弹药库注水，即便关闭了弹药库，殉爆仍有可能发生。

火控系统方面，德制立体镜测距仪较英制双象重合测距仪表现更为良好，但德制战舰上并无绘图桌等测距设备，英制战舰则配备了德雷尔火控台。实战中英制火炮火控仪证明了其价值，使得大舰队主力舰得以精确射击。而皇家海军采用的制式罗斯双筒望远镜的质量却远不如德制福伦达—蔡司望远镜，导致在夜战时大舰队的劣势尤为明显。

防护方面，英制舰艇则远不如德制舰艇。英制战舰的致命部位装甲则较德舰薄 1—3 英寸，“不倦”号在约 15500—16000 码距离上被 280 毫米炮弹命中后发生殉爆，而“玛丽女王”号则在 14400 码距离上被 305 毫米炮弹击穿主装甲带后发生殉爆。而德舰优良的防护使其主力舰无一被直接击沉。

从数据上看，德国似乎取得了海战的胜利，但正如 6 月 3 日《纽约先驱报》中著名的那句“德国舰队痛打了狱卒，但是依然被囚”，德国方面企图突破英国封锁的计划没有实现，北海的整个格局并未发生根本的变化。

对于英国来说，无论英国海军的威信是否受到了打击，海战的结果使他们更直观地感受到，没有与德国舰队决战的必要，只要取得北海的制海权，便能够使他们的资源耗尽。而比起技术上的问题，英国海军还有更为深层次的战术上的问题。英国海军对于战术的研究相当懈怠，甚至不具备完整的战术理论，却通过保守的秘密主义，通过固有的陈规去掩饰他们对于知识教育的匮乏。

三、总结

科技是第一生产力，必须建设一支强大的海军。公海舰队之所以迟迟没有与皇家海军进行主力决战，正是因为双方的主力舰之间存在着巨大差距。21 世纪是信息世纪，海军装备的信息化是将来战场上必不可少的一部分。在信息装备中，海上侦察、预警、电子战能力又是重中之重。其要求在战役的重要阶段和关键时刻夺取制电磁权，做到先敌发现，通信顺畅，干扰有效。海军是一个技术性很强的军种,有独立的海上战场和独特的作战装备。因此,在技术方面攻坚克难,是海军发展的基石。

韬光养晦的同时也要有所作为。在国家主权和国家利益问题上更是没有什么好谈的,这是重大的政治性、原则性问题。为了确保经济建设大局就对国家主权争端放任不管,这是不正确的。在捍卫国家主权问题上,手段必须服从战略目标。要做到先礼后兵,讲清道理,说明轻重,如果不识时务,胡搅蛮缠,就应该毫不犹豫地动用武力。在这种情况下,海军力量的强大才能维护好国家的主权和尊严。

教师点评:

海军实力影响着国运兴衰以及大国之间的利害关系。本文作者以百年前战列舰的巅峰之战日德兰海战为切入口,聚焦其对当今中国海军发展事业产生的思考,论题有较强的现实意义。作者首先从地理位置和海军力量两方面对比分析了当今中国海军与当年德国公海舰队战略形势的相似之处,最后提出了自己的见解:科技是第一生产力,必须建设一支强大的海军,韬光养晦的同时也要有所作为。

留存清醒之心，植根历史沃土

——观近日新闻事件有感

学生　方书元　　指导教师　吕敬杰

(2021年)8月14日是七夕。鹊桥相接，牛郎织女迢迢相会，银河分外明亮，有谁还记得那寥寥寒星，仍在等待迟来的道歉。

8月14日是慰安妇纪念日。

七夕与纪念日相逢，便是贯串近百年的苦等。九十年前，豆蔻年华的姑娘们在硝烟弥漫的家园里奔波避战。侵略者没有立即杀死她们，而是采用了更诛心的手段，将鲜妍明媚的生命牢牢禁锢在恶臭肮脏的房间中，肆意凌虐。灵动的神彩从她们的眼神中退散，肉体与灵魂的双重打击令她们许多人不堪重负，选择轻生。余下的那些将屈辱转为愤恨，至此开始等待，等家国安和，等豺狼溃退，等一个真诚的道歉。她们等到了家国腾飞，等到了豺狼死绝，却等不到一句道歉。

狰狞的伤口是最为沉重的历史，让世人明确他们的罪行，还年轻时的自己一个公道，让那段屈辱而又哀痛的历史重见天日。

豺狼们的嘴脸是可憎的。他们将侵犯女孩的穷凶极恶之人供奉起来，祭以香火，曰之为"神"，以神社之名定时参拜。有人傻而不自知，犹如不可与之语冰的夏虫和仗人势狺狺狂吠的恶犬，成为某些居心叵测之流的冲锋枪和信号弹，而他们却仍像蒙在鼓里的小丑，讨人欢欣。

这个时代，人的格局和为人底线与其对本国历史接纳程度深深相连。忘记历史，就意味着背叛。曾几何时，那段屈辱的历史逐渐被淡化，在国家强盛的当下，大家似乎有意地对曾经的"黑历史"避之不及，即使谈及了，也只是笼统地表达恨意,不去深究历史的内里究竟是怎样的脉络。七十年弹指一挥间,中国的巨变让世界眼红,国人的素养也应该跟上时代的脚步,首要的就是端正历史观。历史本是客观存在的一个已经过去的时间段里所呈现给后人的事物,它的价值远超一纸文书,其深层内涵在于我们后人得到了什么。不管是盛世还是战时、是天下升平还是任人宰割,只要是历史,就必定会带给我们一些东西,无论是深层的思考,或是简短的感叹,只要带给我们它的价值,它的存在就是有意义的。反观之,网络上的戾气颇重,很多人天真地将“真理只在大炮的射程之内”挂在嘴边,面对那段屈辱的历史,叫嚷着要将军队送往该国,让他们尝尝苦头;还有些人公然曲解历史,对真正的事实视而不见,其心可诛!强行煽动进攻与避而不谈皆不可取。前者是所谓小国心态,容不得国家有一点“污点”,更不允许我们曾经的敌人仍活跃在眼前;后者则否定自己的血脉,狼子野心,昭然若揭,是一颗毒瘤,人人得而诛之。这次娱乐圈的大扫除,倒是让不少“毒瘤”销声匿迹,闻者拍手称快。

的确,和平和发展是时代的主旋律,深刻影响着政治的决策。但在和平的氛围下,更不能忘记那段惨痛的历史。历史与政治有联系,却也有很大差别。政治讲究风云际会,而历史盖棺论定,一动一静,一张一弛,却互相催生,共同发展。推翻历史的政治,是无根之树,无法长远;而历史在政治的助推下,才能写得波折有趣。观察那段历史,它深深地刻在中国的丰碑上,绣在高高飘扬的五星红旗上,更刻在仍用余生等一个道歉的她们身上,我们永远不能替她们、替四万万处于水深火热的同胞们、替当时苦难的中国表达原谅。

古有言:欲灭其国,必去其史。一个没有历史的国家是根基不牢、松散无序的,是难以筚路蓝缕、决胜千里的。习近平总书记强调“学史明理、学史增信、学史崇德、学史力行”。正是重视了历史的凝聚作用,明哲作用,正是我国强盛腾飞的表现,正是印证了我国飞速发展与浓厚的历史底蕴密切相依的观点。

反观当下,有多少人能深刻铭记那段历史,又有多少人像那位艺人般一概无知呢?历史需要被铭记,需要去真正掌握,需要我们坚定立场,需要我们“见贤思齐,见不贤而内自省”。唐太宗曾言:“以史为镜,可以知兴替。”从历史的大局观中,居安思危,保持清醒。

历史足够真实,足够清醒,不清醒的只是我们。扪心自问,我们足够了解我国的历史吗?我们新一代能再次体悟到中国历史的魅力吗?仰望穹苍,我们与前人望的是同一片天。曾记否,千年前,汉武帝放豪言:犯我强汉者,虽远必诛。曾记否,梁公箴言:少年强则国强;曾记否,树人先生用一杆铁笔,书下:此后如竟没有炬火,我便是唯一的光……桩桩件件,是中国的意气,虽曾辉煌,也曾堕于黑暗,终是有明智的勇敢者转动历史的车轮,使我四海九州五千年文明滚滚向前,生生不息。

中国历史的辉煌足以令我泱泱华夏腾飞圆梦,让我们中国人背负着前人的期望,无惧无畏,大踏步,勇立时代潮头,舞浪弄帆,乘风再启航。

教师点评:

方书元同学的历史小论文其实是带有感想性质的评论。通过历史与现实、残酷的历史与歌舞升平的现实,说明了忘记历史意味着背叛的深刻结论。联想起网络上的许多公知、“精美”“精日”分子以及“日本风情一条街”等,说明我们要实现文化自信还有很长的路要走。方书元同学作为高中学生能够有此觉悟,还是值得赞赏的。

小报纸，大作用

——我看报刊在甘地领导的非暴力不合作运动会中的作用

学生　徐浩展　　指导教师　陈永谱

摘要：报刊作为重要的新闻媒介，在政治运动中起到的宣传作用比较明显。甘地在领导各种民权运动和非暴力不合作运动中，广泛运用报刊的宣传作用，使其充分发挥了传播作用，在争取整个印度的民权和独立运动中取得了重要成果。

关键词：报刊　甘地　非暴力不合作

报刊作为重要的新闻媒介，由于时效性较强，是人们了解国内外大事的重要渠道。报刊在近现代民主革命中，通达民情、传播知识、开启民智、解放思想等方面发挥了重要作用。莫罕达斯·卡拉姆昌德·甘地是印度非暴力不合作运动的领导人，他在反抗暴力崇拜、殖民主义、种族主义、种姓主义等方面做出了突出的贡献。在带领印度人民走向独立的过程中，甘地没有采用暴力的手段，而是以非暴力的思想为利器进行革命。甘地办过《印度舆论》《坚持真理》《青年印度》《新生活》《哈里真》《孟买纪事报》六种报刊的多个语言版本，撰写过《印度自治》这一影响深远的宣传手册，还在其他报刊上发表文章表达非暴力观点，将对非暴力观点和真理的追求寓于文章之中，将独立思想和平民视角寓于办报之中，形成了自己独特的新闻理念。

一、和平新闻，教化民众

甘地认为，人们在选择战争或者和平之前，相应的观念已经在心中根深蒂固，因此如果通过媒体的引导可以让民众处在“精神平静”的状态之中，那么他们就不会去考虑冲突或者战争。在关于新闻价值的辩论中，甘地很早就将“和平”确立为一个关键要素，并开始在自己创办的报刊上践行。他曾多次在报刊上撰文呼吁，要通过人民的参与来解决社群冲突，要用和平的非暴力抗争来增强社会对非暴力的信仰。在1940年7月6日的《哈里真》报上，甘地总结道：“在过去五十余年的时间里，我一直在为科学精确的‘非暴力’进行各种实践。”在报刊的助力下，甘地将印度争取独立的运动，逐步转化为信奉“非暴力”的人民运动。

甘地倡导的“非暴力不合作运动”在1930年的“食盐进军”中达到了高潮。这一年，英国殖民当局制定和颁布了食盐专营法，垄断食盐生产，任意抬高盐税和盐价，引起了当地人民的强烈不满。甘地号召印度人民用海水煮盐，自制食盐，以此抵制当局的食盐专营法。此时，甘地天天演讲，并在《青年印度》上不断发表文章，号召大家都来抗拒食盐法。“印度70万乡村，假如每村有十人自制盐，破坏盐法。那么，即使是最暴虐的君主，也不敢用大炮轰击手无寸铁的和平民众，政府必将瘫痪。”此时已是60岁出头的甘地身体力行，带领一群人，从印度北部阿默达巴德城修道院出发，步行向南，到海边煮盐。一路上，日晒风吹，蚊叮虫咬，甘地却毫不介意，沿路向群众宣传，发表演说。经过24天的徒步旅行，到达海边时他的队伍已有上千人。

后来，英国殖民当局把甘地抓了起来。甘地被捕的消息传开，犹如在油锅里加进了水，顿时举国沸腾。数万名自愿者要求与甘地一同坐牢。当局逮捕了6万多人，更加激怒了人民。不久，各地爆发了武装起义，有的地方宣布独立，建立自治政权。印度的民族独立运动正脱离“非暴力”的轨道，走向暴力革命。

二、以笔为戎，反对歧视

印度的种姓制度由来已久，最早可见于印度婆罗门教的教义经典《梨俱吠陀》。种姓制度下，人的地位依婆罗门、刹帝利、吠舍、首陀罗渐次降低。然而，在四大种姓之外还存在一个地位更低的群体——不可接触者，也被称作“贱民”。这一群体人数众多，最受压迫和歧视，只能从事诸如屠宰、清扫、制革等被视为“污秽”的职业。甘地很早就意识到种姓制度的不合理性，并将对不可接触者的解放视作自己新闻事业不可或缺的组成部分。“如果我们继续让印度五分之一的人处于永久的奴役之下，那么自治或独立就毫无意义。我们自己不人道，就不可能消除英王对我们的不人道。”甘地在他的报纸上写了一系列文章来讨论人民运动所涉及的议题，从而使印度全境都充分了解此次运动。此外，甘地还通过报刊改变了人们关于印度妇女社会地位的看法，在这一方面也做出了重要贡献。1930 年 4 月 10 日的《哈里真》报上的这段话道出了甘地对女性力量的看重：“将女性说成是弱者是对女性的诽谤。这是男性对女性的不公正看法。如果力量指的是蛮力，那么女性的确不像男性那样野蛮；但如果力量意味着道德力量，那么女性就是当之无愧的强者。如果非暴力成为我们存在的法则，那么未来当属于女性。”

在为印度人争取平等权利的斗争中，甘地起了非常重要的作用。他为报纸写文章介绍社会主义，还创办了一个叫《印度舆论》的杂志。他回到印度时，曾就南非局势发表公开演说。后来南非又通过了一些法律，企图给非白种人的生活造成困难。8 岁以上的印度人，不管什么时候全都必须携带通行证。印度人宣称，这项“通行证法”是不公正的。有的人还当众烧掉他们的通行证，许多人因此被捕入狱。另外一些人在警察残暴地袭击政治游行时被杀害。最后，由于印度居民的骚乱，南非当局才不得不做出让步。于是，甘地赢得了第一次反对种族歧视的非暴力斗争的胜利。

三、拒登广告，推崇独立

甘地说，我们要为我们在南非的印度人权益做斗争。其实南非的白人和印度人原来是合作关系，白人想利用印度人过去给他们做一些下等活，到后来白人发现印度人这么聪明，都可以跟白人竞争了。这时，白人就想把他们踢开，所以就施行了各种各样的限制，包括要进行登记，要交每个人三英镑的人头税，不承认印度人的婚姻法。这一系列的限制，把甘地逼成了一个社会活动家。

为了进行社会活动，甘地又变成了一个出版者和编辑。比如说《青年印度》，就是甘地在南非的时候创办起来的，最初是为了配合他的社会运动。因为我们要进行社会运动，要改变白人对我们南非印度人的看法，所以我们南非印度人要形成一个团体，我们就要有自己的报纸。甘地当然已经看到了这一点，所以甘地创办了一家报纸。

为维护报刊的独立性，甘地拒绝在报纸上刊登商业广告。甘地认为，“报纸对公共福利有着直接影响。一旦报纸成为获取利益的工具，创办报纸时的基本目标就有可能动摇”。甘地并不把盈利作为自己的目标，他认为报纸的内容才应该是维持报纸运转的动力。就这样，他变成了一个出版者和编辑。乃至后来，甘地回到印度也为贱民取了一个名字，叫作哈里真，意为上帝之子。这就是为什么《甘地选集》可以做到100卷，因为这里面实际上很多是来自甘地在这家报纸里面发的文章。

1931年，甘地在《青年印度》上发文称：“读者们都明白，《青年印度》和《新生活》都不因商业目的而存在。它们的唯一目标是教育民众通过非暴力的追求真理的方式去赢取‘完全自治’。”值得注意的是，虽然甘地未使用过任何引人注目的方式来推广他的报纸，但《新生活》的发行量曾一度逼近4万份，《青年印度》的销量则相当于当时所有英文报纸销量的总和。即便后来由于甘地被捕，两份报纸的发行量有所下降，甘地也未曾后悔过：“我被关进监狱后，《青年印度》和《新生活》的发行量都跌至最低点，发展到今天也还不到八千份。”

此外，甘地还反对政府控制新闻业，他坚信报刊应该通过内在的机制来实现自我监督，而不能依靠政府强行施加的管控。1921年10月6日，《青年印度》发表了甘地关于言论自由的宣言：“每个人都有表达自己观点的固有权利。”在同样的主题下，甘地还发表了一篇题为《意见的表达》的文章，写道：“从宗教层面上，避免暴力的使用就能将社会运动变成一种纯粹的传播行为。在这种情况下，任何试图破坏这种传播行为的举动都是对公众意见的践踏——当前的镇压正是如此。”1930年4月，甘地被捕入狱，《青年印度》也因未缴纳政府要求的安全费用而被停刊，即便如此，甘地也没有停止写作。他通常会给每个狱友都写上几行字，这些信件后来刊登在《青年印度》上。

从《印度舆论》创刊算起至甘地遇刺之间的45年中，甘地始终手握报刊这一利器。在三次非暴力不合作运动期间，甘地所创办的报刊都发挥了相当重要的作用。直截了当的动员文字、运动的最新进展或是关于甘地被捕、绝食的消息，都通过报刊这一载体传达给民众。甘地在反抗殖民统治、种姓制度、暴力等各种不合理状况方面都贡献颇丰，但他最大的贡献还在于，运用有效的新闻实践和传播手段使印度3亿5千万贫困、沮丧的人恢复了希望，并将他们有效地动员起来，投身于非暴力的民族独立斗争运动。

参考文献:

1. 朱明忠.甘地的非暴力主义及其影响[J].南亚研究,2002(2).

2. 印度的非暴力不合作运动[S].史料选粹与统编历史教材,公众号2018,11.

3. 莫罕达斯·卡拉姆昌德·甘地.我体验真理的故事·甘地自传[M].南京:江苏凤凰文艺出版社,2012.

4. 林太.印度通史[M].上海:上海社会科学院出版社,2012.

5. 克里希纳·颗粒帕拉尼.甘地传[M].成都:四川人民出版社,2017.

教师点评:

该同学对甘地利用报刊在争取普通民权、印度独立等方面的作用有较深入的研读与研究,在参考以往研究的基础上做了一些自己的梳理,有一些个人的见解,基本上符合历史小论文的习作要求,故予以推荐。

从宁波大嵩看明朝抗倭

学生　劳宜安　　指导教师　肖　虹

摘要：几个世纪以前，浙东沿海人民正在轰轰烈烈地与倭寇进行抗争。本文从宁波一个小镇大嵩说起，讲到大明王朝那段有关海禁和抗击倭寇的历史。自明初海禁的实行，对外贸易的合法渠道关闭，私枭船主、渔民等人便纷纷与日本人勾搭经营走私船队，并经常与来查禁取缔的朝廷军队对峙，给沿海居民带来灾难。而等到政令灵活了后，“倭患”也就消散了。

关键词：大嵩　倭寇　海禁　贸易需求　人民

暑假前去了一趟塘溪大嵩，发现那里有一间精致的木屋，写着“历史陈列馆”。陈列馆开着门，放了一些木桌椅，一群老大爷正热闹地聊天搓麻将，这里更像是个村民活动室。几面白墙上贴了几幅画和一些还原历史场景的图片和说明文字，我凑上前一看，这个小镇子居然和明朝戚继光抗倭有着千丝万缕的关系。从前我只知道台州九战九捷，殊不知在宁波城内也有许多抗倭重镇。

一、抗倭之大嵩城的演变

大嵩，原名大嵩千户所，隶属明州卫，也就是现在的宁波城。东南海防屏障，历来宁波必为要点。而地处鄞东前沿的大嵩是海疆前沿，又历来为鄞州海防之要。民国《鄞县通志》载：“大嵩东连郭巨，南接钱仓，互相犄角，控海枕山，屹然重镇。”这里，宋代已有人烟，并有厢军（地方军队）在此设防六汛，驻守于盐场、舵撞、江桥、管山、横山等地，并在黄牛礁、球山和蔡家墩设瞭望台，以报军情。地方部队曾在此设立巡检司，由县尉拨弩兵驻守缉私，并设土军寨，驻守土军200余人。至元代，明州不再设所谓的“汛所”，只驻地方军队，设大嵩巡检司，负责盐场缉私治安。

倭寇是公元14到16世纪劫掠中国沿海的日本武士和奸商组成的海盗集团。这些集团由日本武士、浪人和中南沿海的走私商人组成，他们武装走私，趁机抢劫，主业经商，副业做强盗，磨牙吮血，杀人如麻。

根据墙上史料所载，正统、成化、嘉靖三朝，倭寇犹大举来犯，屠陷所城，盖由大嵩或西渡亭溪岭而出横溪或由西逾韩岭而涉钱湖，均可入我腹地，会师甬上。洪武七年（1374），朝廷命开国功臣汤和经略浙闽海防。洪武二十年（1387）终于制定海防大计，在宁波府海岸沿线设置明州、定海、昌国、观海4卫，下辖10所，所与所之间设19个巡检司。随后汤和又把大嵩巡检司升格为大嵩所城，委派昌国卫千户万忠筑造千户所城，拒敌寇于海岸，大嵩遂成海防要塞。而到了清康熙年间，大嵩所城为浙江提督前营汛防地，驻兵600人，设6个分汛地和足头汛，并将2个分汛也于康熙初年升为汛而直属于提标营，大嵩地便形成了“三汛分防”的格局。

由此可见，大嵩在浙江甚至宁波海防沿岸起到了举足轻重的作用。历史上虽然没有特别详细的记载，但一定也流传了许多可歌可泣的英雄故事。

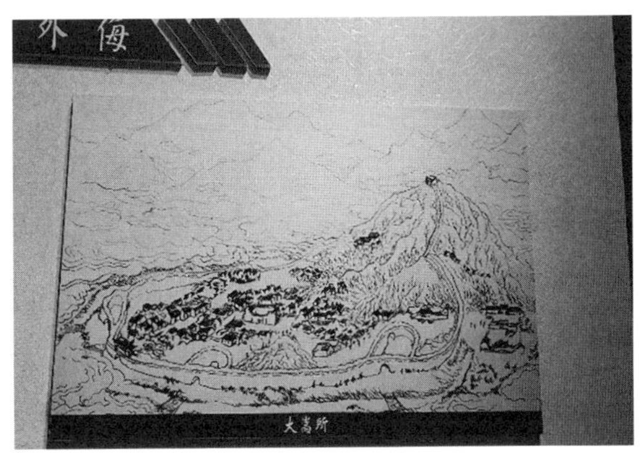

大嵩所

二、抗倭之背后原因和推动因素

了解到如今的大嵩是产盐大户，又有丰富的水产海鲜，不知道在明朝那个时候大嵩有没有这么发达的贸易往来，沿海地区经常与倭寇对战，估计老百姓的生活不太安宁。可是为什么偏偏那个时候会出现“倭患”呢？

回到明朝嘉靖年间末与万历年间,民族英雄戚继光一生致力于海防事业,在浙闽沿海多地抗击倭寇,立下赫赫战功。抗倭一方面固然有平定侵扰、稳固浙东沿海的需要;另一方面,组织军队、民兵日常驻防巡查,也是履行朝廷的老规矩"缉私"的需要。

明朝初年就开始实行海禁政策。明太祖朱元璋出于政治上的需要,在对外贸易上,除为"怀柔远人",允许部分国家或部族通过"朝贡"的方式进行贸易外,其他私人海外贸易一律禁止。早在明初,朱元璋就明白地表示"朕以海道可通外邦,故尝禁其往来"。即实行海禁,禁止私人出海贸易,不准外国人来中国经商。其间更是弃守舟山等沿海岛县,以武力强迫沿海人民内迁。洪武年间(1368—1398)屡申"通番禁令",规定"滨海居民不许与外洋番人贸易",颁布"将人口军器出境及下海者,绞"等严刑峻法。又在山东至广东的沿海地区修筑海防工事,建立严密的"巡检"制度。在中央集权的压力下,地方利益必然得不到保障。为了巩固统治,重农抑商的理念从宋朝的减退到明朝又悄然兴起。

海禁还有个原因当然是与郑和下西洋有关。永乐年间郑和七次下西洋,拜访了三十多个国家和地区,最远到达了东非、红海。他们给非洲人民带来的是和平的愿望和真诚的友谊,而不是刀剑枪炮和掠夺奴役,但其目的是"耀兵异域,示中国富强",导致"支费浩繁,库藏为虚",最终明成祖朱棣禁止出海。明成化年间藏郑和旧档案的刘大夏说:"三保下西洋,费钱几十万,军民死者万计,就算取得珍宝有什么益处?"

而实际上,东南沿海战乱少而人口密度大,加之地处丘陵,耕地狭小,对外贸易由来已久,沿海贸易是当地一部分人民生活的重要经济来源。朝廷只明令禁止,但并没有在如何解决当地人民生活问题上加以考量,致使民间开始有人铤而走险。据隆庆初年支持开海的徐孚远所说:"东南滨海之地,以泛海为生,由来已久,而闽为甚。闽之福、兴、泉、漳,襟山带海,田不足耕,非市舶无以助衣食。"

史料记载,倭寇的确勾结了当地的土豪、奸商、流氓、海盗进行走私劫掠。大明王朝海禁政策对浙东沿海严加看管(甚至将浙东百姓强制内迁),但海外对于中国商品的需求并未减少。一方面面临因海禁而生计无着,另一方面又面对巨大的市场和利润诱惑(比如生丝贩至日本可涨价十倍),民间走私勃然而兴。在这过程中,私船商人、地方土豪,甚至真正的土匪流氓都加入其中,究其实际,他们真正主业是与日本人甚至其他沿海地区进行小规模的走私贸易,副业才是在贸易受阻时武装对抗官府做"倭寇"。

三、抗倭之后话以及历史教训

中南财经政法大学的学术论文指出,这些违法的商人其实在客观上是有一定促进沿海贸易经济的发展和民间贸易经济的发展的。嘉靖之后,海禁的管控不再那么严苛,"倭寇"风浪也就逐渐平静下来。作者指出,从明初到嘉靖年间浙东沿海地区私贩盛行,而海洋贸易禁令的实施也影响了浙东社会结构的变化。从嘉靖朝严格海洋贸易禁令中,也反映出明朝到了嘉靖时期试图在制度上体现严格约束地方行政和执法权,却也暴露出对地方实际控制力的下降。合理的海洋贸易制度必须是"保障民生"且"因地制宜"的,而开放民间海洋贸易更是有利于保障民生、保境安邦。所以嘉靖时期颁行和实施违背"因地制宜"的海洋贸易禁令,不仅必然导致行政上的低效率,在实质上也严重阻碍了浙东地区的区域性特色经济的自然发展,阻碍了江南地区商品经济的健康发展。

隆庆元年(1567),当局宣布实施比较灵活的政策,取消海禁,允许人民下海前往西洋、东洋贸易。既然民间海上贸易合法化,所谓"倭患"也就烟消云散了。

站在今天回望历史,更深刻体会到人民群众才是历史的主体,人民群众推动生产力的发展,也是推动社会变革的主力军。只有激发人民的主观能动性和创造力,才能建立强大的经济基础,保障真正的国泰民安。经历了贫困、动荡、战争,如今这座阳光普照的大嵩城岁月静好,正如这陈列馆中的老人们一样,闲暇中饮着清茶,搓着麻将,欢乐祥和。

参考文献:

1. [清]张廷玉等著.明史.卷三百四.郑和传[M].
2. [美]黄仁守著.万历十五年[M].北京:中华书局,2006.
3. 当年明月.明朝那些事儿[M].杭州:浙江人民出版社,2017.
4. [明]严从简.殊域周咨录[M].北京:中华书局,1993.
5. 徐时栋,等.同治鄞县志(卷十,兵制、海防;卷三,城池,大嵩城)[M].

6. 张传保,汪焕章.鄞县通志.舆地志.附嘉靖府志海防书[M].鄞县:鄞县通志馆,1935—1951.

7. [明]朱元璋.大明律[M].

8. 中南财经政法大学.嘉靖时期海洋贸易禁令及在浙东地区的实施[D].

9. 樊树志著.国史十六讲[M].北京:中华书局,2006.

教师点评:

该学生在参观了大嵩历史陈列馆后,查阅了有关大嵩的抗倭史实,并进而思索和分析了抗倭背后与海禁的关系,从而得出国家政策"只有激发人民的主观能动性和创造力,才能建立强大的经济基础,保障真正的国泰民安"的结论。该学生善于从身边历史联系所学知识,并能跳出所学,有新的思考和见解,这是历史学科核心素养中唯物史观确立的一次有益尝试。

文化触港而兴，交流因港而盛

——论宁波港对中日文化的桥梁作用

学生　李碧莹　　指导教师　肖　虹

摘要：关于中日交往，自战国时期就有文献记载。两国关系在唐朝逐步发展，并在宋元时期达到巅峰。随着中国的海禁政策和日本的逐步闭关，中日交往又起波折。但从历史趋势来看，中日交流的大门只会越敞越大。在这之中，宁波（庆元）港起到了不可或缺的桥梁作用。借助历史，有助于我们更好地把握当今态势，让文化触港而兴，交流因港而盛。

关键词：宁波港　中日文化

一、宁波港兴起的背景

1. 右文政策的推动

自宋太祖开始，右文政策便在全国推行。全国上下开始阅读儒家经典，这一现象有力地推动了文教事业的发展。其影响主要是巩固稳定政权，形成尚学的风气，推动儒学的发展。陈寅恪先生曾评价宋朝的文化："华夏民族之文化，历数千载之演进，造极于赵宋之世。"在这一时期，明州地区的佛教蓬勃发展。右文政策的推动为宁波港传播文化提供了政治基础。

2. 文化重心南移

随着北宋在经济上对南方的依赖日益明显，户口南多北少的格局也已定型。在北宋灭亡之后，大批中原人口南移，进一步加剧了南北发展不平衡的情况，同时也加快了经济重心南移局面的形成。经济重心南移后，随之而来的就是文化重心南移。文化重心的南移促使江南沿海一带宗教信仰兴起，信教、教徒增多，崇佛之风甚盛。

宋朝的宁波港

3. 社会科学技术发展

宋朝雕刻、印刷技术得到改进，生产效率大大提高，且宋太祖大力推行佛经的刊印工作，因而《金刚经》《大藏经》陆续刊印完毕。有文献表明，到太平兴国八年(983)，成都《大藏经》刻成，共有1076部，5048卷。佛经的刊印工作在唐朝就已经开始，但因为唐后期的安史之乱以及五代十国的政局动荡而未能继续。虽宋朝时期的佛经质量比不上唐朝，但中断的译经工作得以继续，使佛家经典得以保存。

《梦粱录》卷一二载：宋朝“海商之舰大小不等，大者五千料，可载五六百人，中者二千料至一千料，亦可载二三百人。”从中可见宋朝造船技术的先进。宋船不仅在运量上有了改进，在长途货运上也加强了建设。除此之外，宋船还有许多创新之处，如使用铁锚、使用水密隔舱等，为宁波港影响的传播提供了物质基础。

二、宁波港对日传出的影响

1. 促进日本佛教、净土教等宗教的宣传

在明朝，宁波港被国家限定为唯一可以与日本互市贸易的港口。在明朝之前，宁波港港口的重要性不言而喻。而今在日本看到的大大小小的寺庙，诸如药师寺、东大寺和著名的唐招提寺都是在唐宋元时期建造的。

提到唐招提寺,绕不开的便是鉴真东渡。鉴真三次东渡,均从扬州出发,由宁波出海。宁波港因其独特的地理环境,见证了这一壮举。传言第二次东渡之时,海上狂风大作,阴云密布,浪不时拍打岸边,情况十分危急。鉴真被困船上,几日,粮食殆尽,正当万念俱灰时,明州太守和官府出手相救,将其安置在阿育王寺内。

鉴真东渡所带的真经部分藏于日本博物馆内,他的东渡大大促进了中日的文化传播,加强了中日的友好交往。他将佛教传至东南亚地区,扩大了佛教传教的范围,也增强了佛教在世界范围内的影响力。

2. 进一步强化了镰仓武士精神

武士精神最早起源于中国,其倡导的忠诚、骁勇等精神品质与儒家和佛家的内涵相呼应。武士精神传到日本之后,和日本本土的神道教相结合,并以此为基础,形成了"绝对忠诚"等武士道精神。在当今的日本电影里,有不少江户时代的背景,其背后的精神支柱为电影提供了不少素材。

3. 促进了瓷器在日本的传播

宁波港为海上丝绸之路的出发点之一,也是瓷器之路、海上茶路的重要港口。宋代的制瓷业快速发展,在宁波一带形成了特色瓷器,以越窑青瓷、青白瓷和白瓷最为出名。在日本大阪、福冈等地,均有宋元时期的瓷器出土。

以宁波港运往日本的青瓷为例,现有龙泉窑的青瓷茶碗,藏于东京国立博物馆,相传为南宋禅师相赠。缺了一口的青瓷茶碗,通体色泽醇厚,虽有瑕疵但经时间的打磨愈加温润。这一瓷器从质地上体现出宁波当地的材料上乘,制作工艺精美巧妙,从往来上体现出宗教不分国际的交融,也体现了中日的友好交往。

4. 其他方面的影响

在很多方面,诸如饮茶、医学、建筑、工艺类和日本史学编写方面,宁波港输出大量文献,也曾派学者赴日交流。如日本茶祖荣西著有《吃茶记》,被誉为日本的第一部茶书,世界上第二部茶经。他的编写,很大程度上受到中国佛教的影响。荣西两次来中国学佛,并将茶籽带回日本。《吃茶记》中详细记载了南宋时期国人的饮茶习惯及各类茶叶,对我们现在了解茶叶的品种和茶文化有很大的帮助。

三、宁波港对宁波传入的影响

1. 宁波成为佛教、天台教的中心

北宋末年,靖康之变,在政治上受挫的官府和百姓将自己的精神信仰寄托在神祖之上。对于观音菩萨的崇敬也推动了佛教的发展。在普陀山上曾有一段文字记载:“补陀洛迦山,在东海中,佛书所谓……一名梅岑山。”这便是普陀山得名的由来。后普陀山成为观音道场,虽经过几度兴衰,但众多寺院、庵堂保留至今依然完好。

2. 推动宁波商帮的形成

在宁波,有一所宁波帮博物馆,里面记载了从古至今宁波商人外出闯荡的经历。其中也有宁波商人通过宁波港与日本交往的故事。自遣唐使制度被废除之后,明文记载的中日商船交往减少,但是民间的往来仍存。

北宋时期,政府在宁波一带设市舶司(元朝称为庆元港),成为官府之间的往来之处。在元朝,政府将庆元港的范围扩大,将其直接纳入中书省管辖,从而使海外贸易成为国家控制下的往来。这一举措扩大了庆元港的权利范围,增加了外来货物的通行量,也在全国范围内提升了庆元港的知名度。

至元朝,全国只剩下庆元、广州、泉州三处市舶司。输入我国的有香料、珠宝等,输出则包括了庆元本土在内的丝织品和瓷器。从数量来看,庆元成为两浙路最重要的港口,增强了宁波商帮的经济实力,也促进了商帮出海闯天下。

3. 加快文献编写进程

唐末五代十国之后,史书编写中断,大量文献遗失,但有部分文献流传到日本。在北宋政局相对稳定时,部分文献漂洋过海回到宁波,弥补了史学上的空白。《越王孝经新义》原为唐代越王贞所著,在动乱年间不慎遗失,成为轶本。而在一衣带水的日本,存有远航的《孝经新义》。奝然拜访我国时,就将这本《孝经新义》献给宋太宗。像这样的例子有很多。而日本的僧人敬赠文书这一举措弥补了国内文献的空白。有了底本,文献的编写进程加快,促进了国内的宗教研究和文化发展。

四、现代宁波港口文化

现代的宁波港

现代的宁波港口文化以“开放、创新、探索”为核心，呈现出明显的“开放性”“民族性”“地域性”。

在开放性上，宁波港的文化连接了过去和现在、中国和世界。丰富多彩的文化在这里汇聚和碰撞。在外出货物的同时，当地港埠文化得以发展。

在民族性上，现代宁波港口文化以中国特色社会主义文化为根基，在新时代涌现出富有民族特色的文化。

在地域性上，宁波港推动了宁波帮的兴起和发展，出现了诸如永康铁匠一类的手艺人。他们或来自民间，或传承老一辈的经典，并加以自己的理念创新，结合宁波港将这些手艺传播到海外。

五、结语

宁波港在中日交往中起到的作用不容小觑，主要以僧人拜访和商品进出口为主要方式，伴随以佛教和儒家文化的传播，推动了其他方面的发展，促进了中日人民的传统友谊，加快了中日和平交往、合作共赢的进程，打开了中日人民友好交往的新局面。

随着当今文化多样化的趋势不可阻挡，宁波港也势必以文化输出支撑经济硬实力，以世界级港口的称号站在东方的金色海岸线上。

文化触港而兴,依港而发展,依港而繁盛。从历史走来,我们看到了前人的经验和智慧。面对现在和将来,宁波港也正蓄力擘画新篇章。

参考文献:

1. 王慕民,张伟,何灿浩.宁波与日本经济文化交流史[M].北京:海洋出版社,2006.

2. 刘俊军,刘恒武.宁波海上丝绸之路[M].宁波:宁波出版社,2019.

3. 张如安.元代宁波文化史(下)[M].杭州:浙江大学出版社,2018.

4. 林士民.宋代明州与日本平泉的友好交往[R].

5. 张伟.浙江海洋文化与经济[M].北京:海洋出版社,2008.

6. 毛海莹.浙江地方民俗文化与外来文化互融研究[J].中共宁波市委党校学报,2005(4).

7. 王益澄.宁波港口城市文化内涵的挖掘与重塑[J].建筑与文化,2008(5).

教师点评:

该生能从身边的历史文化进行思考和探究,体现了对家乡的热爱与关心。学生查阅了相关资料,分析了宁波港的兴起背景,通过梳理宁波港对日本的传出和传入两个方面的作用,论证了宁波港对中日文化的桥梁作用。学生对论文修改多次,一次比一次使内容更加贴近主题,我觉得对学生来说是对如何查阅资料、如何阐述观点的很有意义的体验与尝试。

浅谈“借师助剿”政策的双面性

学生　李铭池　　指导教师　肖　虹

摘要:19 世纪 50 年代,面对无休止的国内动荡,清政府选择改变原先的对外政策。1861 年,咸丰帝颁发上谕,正式将“借师助剿”政策定为新的国策。本文将从利、弊两方面探讨该政策。

关键词:借师助剿　近代史　卫安勇　太平天国

中国的近代史充斥着屈辱、混乱,内忧外患可谓贯串始终。太平天国运动和回、捻等起义,以及西方列强的不断侵入,让清政府长时间处在风雨飘摇之中。而和清政府在这样的环境下仍延续多年,并开创出“中兴”的局面,很大程度上得益于洋务运动。在这场自强运动中,“借师助剿”政策具有相当重要的地位。

一、“借师助剿”政策的出台

1853 年,小刀会在刘丽川的领导下攻陷上海老城,之后法国驻军帮助清军收复上海县城。而外国最早干预中国内战,是在 1860 年忠王李秀成进攻上海之时,上海的钱商杨坊聘用美国冒险家华尔组建了一支“洋枪队”。后更名为“常胜军”。此后《北京条约》的签订,令恭亲王奕䜣、户部尚书沈兆霖等人改变了对侵略者的认识。1861 年,掌权了的奕䜣与另几名重臣上了一篇《统计全局折》,提出新的对外政策。不久,咸丰帝就颁发上谕,正式准允“借师助剿”政策的实行。此举也标志着新国策的正式施行。这一政策可谓是一把双刃剑,有其利则必有其弊。

二、“借师助剿”政策的有利之处

我们首先要肯定的是“借”来的洋军确实大大增强了清廷的军事实力，为剿灭太平天国运动立下汗马功劳。太平天国运动虽然在初期靠着公有制的思想和宗教的力量，吸引了大批跟随者，但随着时间的推移和地盘的扩张，那些脱离现实且充满理想主义的土地制度仅在少数地区试验，而且领导集团内部争权夺利，腐败现象愈演愈烈，这种自上而下的腐败直接导致脱离了人民群体，平等思想和平等制度遭到严重破坏。太平天国的忠王李秀成极具军事才能，于 1856 年摧毁了清军的江南、江北两个大营，这使曾国藩等人意识到单凭湘淮军的力量无法剿灭太平军，于是“借师助剿”这一政策应运而生。在常胜军的协助下，清政府于 1864 年成功镇压了太平天国运动。据不完全统计，太平天国运动中，仅苏、浙、皖、闽几省伤亡人数就超过 7000 万人，难怪有学者称这是“人类历史上伤亡最大的一场战争”。

“借师助剿”政策不仅在应对太平军时起到了重要作用，也改变了中国的许多旧事物。第一，是器物层面，它很大程度上推进了洋务运动的发展。李鸿章曾在一封信中说：“我有以自立，则将附丽于我，窥伺西人之短长。我无以自强，则将效尤于彼。”他还在 1863—1865 年间于上海设立 3 个洋炮局，且让英国军官教习属下如何操用火炮，并向德国军官学习操用步枪。这许多洋务运动中推广开来的新方式，便是“借师助剿”政策的衍生物。而通过这些手段，洋务诸臣不断摸索出全面推广洋务运动的契机。第二，是由外国军官训练中国兵勇，以组建西式新军的风气也逐渐推广。从华尔的洋枪队到戈登的常胜军，再到清末袁世凯的新军，都是洋人军官训练中国军队的典例。不论是华尔还是戈登，都是了解了一定西方军事知识的人，他们的到来，给中国军队带来了不一样的训练方式，不一样的兵器和不一样的选人标准。在绿营八旗军队萎靡不振、湘淮军日益没落的当时，着实为中国的军事贡献了一份特殊的力量。第三，这还在一定程度上推进了我国的军事现代化。通过“借师助剿”这一政策，洋人军官训练兵勇的制度在地方上也被逐渐采纳。以我的家乡浙江宁波为例：1864 年，宁波府正式将原先的“绿头勇”整编为“卫安勇”。这是一支以守城治安为基本职责，军警合一的地方性武装。统带是英国军官库克上校，帮带是澳大利亚人华生少校。尽管中外文献对它没有完整的记载，但它依旧给甬城留下了许多宝贵的遗产。首先是社会治安方面，卫安勇教官华生于1880年被任命为宁波江北巡捕房总巡捕，此后他便致力于维持治安、查禁赌博、灭火救灾等工作。作为港口城市的宁波，其繁荣很大程度上得益于治安水平的提升。卫安勇在中法战争期间，曾驻守镇海港口，扣押法国传教士，以防间谍潜入。装备方面，卫安勇装备的步枪火炮等都是西式武器，其中就包括了东印度公司的F型撞击式火帽发火枪。器物上的革新不仅使卫安勇的作用更加明显，还是清朝中兴时军队装备现代化的一大体现。虽说仅从器物层面革新是洋务运动的局限性之一，但是像卫安勇这样的地方性武装，一定程度上助推了地方性巡警制度的创立。从这个角度看，卫安勇可以算得上地方性巡警的前身。从1905年中央巡警部的正式建立，到如今完善的警察制度和社会治安系统，历史告诉了我们任何事物的发展都经历了幼稚和不完善，而符合时代洪流的，都会留下来造福人类。

三、“借师助剿”政策的不利之处

客观公正地看待历史事物，是评价历史事件的一个基本原则。“借师助剿”政策同样有着极其大的弊端。第一，清廷为供给洋枪队和常胜军耗费了巨资。华尔在中国期间，通过作战胜利获得的奖金不下一百万美元，而常胜军的士兵月饷达到100美元。李鸿章在一篇奏折中也提到，“薪粮夫价及一切军火支应，视官军加至数倍，漫无限制，陆续增至四千五百余人，并长夫炮船轮船经费，月需饷银七八万两”。可见，这使历经几次不平等条约签订的清政府不堪重负。而洋人军官的蛮横无理，加上清廷地方官员的懦弱迁就，更令这过高薪资无以调节。不仅是洋枪队和常胜军方面，所谓李泰国-阿思本舰队建立的失败也耗费了巨额白银。清政府在入不敷出的情况下，只能对百姓增加苛捐杂税，因而再次增加了百姓的负担。第二，列强借兵给中国，其出发点绝不是帮助中国自强，其一定是为了扩大其在华利益。李泰国便是很好的例子。他在1863年提出自己要当中国“海军大臣”兼海关总税务司，且要求在北京拥有一座官邸供他居住。这样的行径在“借”来的洋人中屡见不鲜，帝国主义的狼子野心也昭然若揭。第三，“借师助剿”政策实施期间增长了侵略者的气焰，还使社会中的一些败类聚集于外国势力之下，依势横行，增加了社会不安定因素，扩大了中外矛盾。在实行这一政策时，失败的用人同样带来了巨大的麻烦。1862 年，白齐文被任命为洋枪队管带，此人骄横跋扈，于 1863 年痛殴洋枪队管带杨坊并抢去饷银四万余元，被免职后还投奔太平天国，并在暗中招募队伍，欲解天京之围。这让李鸿章等大臣难免上奏，请求裁减洋兵。纵使 1864 年李鸿章上了《裁遣常胜军折》，清廷遣散了戈登等人，但依旧有许多遗留的弊病无法根除。比如苏州杀降事件后，英国驻华公使布鲁斯就公然要求李鸿章下台，英军驻华司令伯朗也要求收回统兵权。清廷自然不允，这又增加了与列强间的矛盾。当时看似给清王朝带来极大利益的"借师助剿"政策，此时却成了西方列强侵犯我国主权的借口。无独有偶，俄国也打着镇压太平军的名号，向中国输送武器，甚至直接派军舰开往上海助剿。这些行径都进一步巩固了列强的在华地位。在备受列强欺侮的当时，帝国主义的每一次强盗行径都会使国家威信大大降低，每一次利益的扩大都会加剧中国的被殖民化程度。从"借师助剿"政策的弊端中可以看出，要使一个国家富强，简单地从先进地区照搬器物和制度，是无法真正对国力造成实质性改变的。困难面前，手足无措地寻找救兵，终究不是长远之策，从国家根本制度上改革才是唯一的出路。

诚然，"借师助剿"政策在晚清发挥了独特的作用，为清朝的中兴打下了一定的基础，但如此一味地援请外国救兵，并不能解决帝国主义和中华民族的矛盾及封建主义和人民大众的矛盾。如今，作为中学生的我们，更是需要培养自立自强的品质，这样我们的未来才能充满光明和希望。

参考文献：

1. 雷颐.李鸿章与晚清四十年[M].太原：山西人民出版社，2013.

2. 赵志刚.太平天国运动的失败原因分析[J].考试周刊，2012(10).

3. 徐中约.中国近代史[M].后浪出版公司.

4. Teng and Fairbank, China's Response, 69.

5. 李鸿章.整饬常胜军片[A].1863－1－28.

6. 杨益茂.清王朝"借师助剿"探析[J].中国人民大学学报，1994(06).

教师点评：

该生在学习了《中外历史纲要》中的《太平天国》一课后，对清政府的“借师助剿”政策产生了兴趣。学生通过查阅资料，分析了其出台的背景，以及给当时中国带来的正反两方面的影响，这其中既有器物层面的，又有经济、政治层面的，做到了客观、全面地分析问题，体现了学生深入的思考和辨析。特别是在军事现代化的分析中，以家乡宁波的“卫安勇”为例，能联系身边的历史，这种视野和情怀也是难能可贵的。

论明朝君臣关系

学生　杨　璇　　指导教师　肖　虹

摘要:君臣关系在中国历史上占有重要地位,“君臣和则天下平”。但明朝的君臣关系却十分紧张,这也成为明朝发展中的一个潜在隐患,于无形中将明朝推向衰亡。本文将对明朝君臣关系紧张的表现和原因做一个详细叙述。

关键词:君臣关系　明朝　紧张

在中国古代统治阶级中,君王与臣子是辩证统一、相辅相成的关系,其中也有对立情绪存在。而在明朝,这种对立情绪发展成了对立关系,双方对对方的不满都发展到了封建王朝的顶峰,成为明朝发展中的一个大毒瘤。

一、明朝君臣关系紧张的表现

明朝官员的俸禄和待遇相比前朝大大降低,职权范围也大幅度缩小。廷杖作为明朝的一个法外刑罚,是专门针对官员而设立的,处罚力度也是由皇帝的主观情绪决定的。原本只是为了警示官员,但到了明宪宗时期,廷杖多以致死为目的,只有少数受到廷杖的官员是伤势惨重,皮开肉绽,大多数官员都直接在廷杖之下丢了性命,如此之残酷,更是直接加剧了君主与臣子之间的冲突。东西厂的存在因其直属皇帝的固有属性也让君臣冲突进一步根深蒂固。这些都可以看出明朝的君臣关系之紧张。

二、明朝君臣关系紧张的原因

关于明朝君臣关系紧张的原因,我认为有以下两点:

1. *君之视臣如土芥，则臣视君如寇仇*

《孟子·离娄下》中有言："君之视臣如土芥，则臣视君如寇仇"。这句话可以用来很好地形容明朝君臣之间的关系。朱元璋年轻的时候做过乞丐，做过和尚，是个从市井里走出来的"草莽皇帝"。他深刻地感受过元朝官员的险恶，以及政府的腐败与社会的黑暗，因此他对官员怀有一种仇视心理，且挥之不去。再加上皇帝集权的需要，他当上皇帝后更是对官员十分苛责，也很不信任，直接废掉丞相，将大权都掌握在自己手中，在与官员交往时的举止更是十分不尊重。明太祖这种以"秋风扫落叶"之势对官员队伍的整顿，还有对官员的态度都没有随着皇帝的更迭而削弱，反而如燎原之火般燃烧了整个明朝，潜移默化地影响着后面的皇帝，愈演愈烈。而人的尊重是相互的，皇帝如此对待官员，视他们为土芥，官员对皇帝的态度也自然而然不会好到哪去，但他们的权力被大幅削减，无法从权力机制上去制约皇帝，所以官员选择通过"礼教"来控制、束缚皇帝，制约皇权，经过几代的努力终于在一个皇帝身上实现了，即万历皇帝。这是官员的成功实践，从此他们渐渐有了话语权，渐渐居于皇帝之上，将皇帝变成了傀儡的存在，但这也让明朝的君臣关系不再有可能恢复，不再有可能进入到一个和谐有序的秩序当中。皇帝对官员不信任，官员对皇帝不尊敬，这是一个恶性循环，所以这是明朝君臣关系紧张的一个重要原因。

2. *君主私利与儒家思想的矛盾*

如果说前面那个是重要原因，那么君主私利与儒家思想的矛盾便是明朝君臣关系紧张的根本原因。自西汉汉武帝"罢黜百家，独尊儒术"之后，儒家思想便成为我国封建社会的主流意识形态。儒家讲求"仁"，主张实行仁政，为政以德，孔夫子更是讲求礼教，即行为举止与言行都应符合礼的标准。明朝科举考试更是强调四书五经，所以，官员追求的都是儒家思想，讲"礼"，讲民本思想，坚决遵守儒学的伦理纲常。但明朝的皇帝是从民间走进朝堂的，身披黄袍，依然掩饰不住那骨子里的平民气，后面的皇帝也是如此，就连每任皇帝的皇后也都是平民出身，所以可以说明朝的上层是有着平民化倾向的。不像历史上那些著名皇帝都是从小接受宫廷礼仪、贵族气质的熏陶，有着一股浑然天成的那种身为皇帝，天下独尊的自信与威压，也就更有格局，以天下苍生为己任。明朝皇帝则是缺乏政治格局和统治手腕，而且更注重自己的私利，如正德皇帝为了玩乐有时甚至几个月没有待在京城，还在外面建了离宫叫作"豹房"，怠于朝政；惩治与自己治国理念不相符的官员也往往是采取廷杖、灭门这种扭曲、极端的做法。这两种水火不容的想法和行为之间的矛盾让君与臣之间的关系不断拉扯,其实这也是“皇帝”这个职位的矛盾所在,它是一种应社会需要而产生的机构,而每一任皇帝都只是一个人,所以君与臣的对抗从根本上来说就是社会与个人的对抗。天下大利与个人私利是无法两全的,顾及社会就必须牺牲皇帝个人的利益,如休闲玩乐、金银财宝等。官员要求皇帝把“民贵君轻”作为行事宗旨,讲究礼仪,认为这才是治理国家的基本概念,皇帝纵欲私情于朝廷无益,于百姓无益,而且颠倒纲常。但皇帝则认为皇权至上,老百姓的存在就是为帝王服务的,且皇帝应是想干什么就能干什么。皇帝这种相反的想法和行为必然遭到官员的反对,官员的思想也就自然而然地不会被皇帝所重视。皇帝与臣子的思想观念不同,“君主私利”与“儒家思想”存在冲突,这必然会扩大君主与臣子之间的距离,君臣关系必然会紧张。

君臣关系左右着一个王朝的兴衰,君臣处于同一战线,努力把国家治理好,那么这个国家就会朝前进步,并且经久不衰;而如果两者进行内斗,那么这个国家就会因为上层的分裂而后退,走向衰亡。万历皇帝朱翊钧就是因为对朝臣大失所望,继而对皇帝生活丧失兴趣,从而开创了 28 年不上朝的历史。曾经的万历也是很努力的,励精图治,凡事亲力亲为,开创了“万历中兴”。但君臣关系处理不当,让这么一个明君苗子就此堕落,反而成了历史上的昏庸皇帝。所以,君臣关系的好坏与整个王朝的兴衰有着直接或间接的联系,千万不可小觑。

参考文献:

1. [美]黄仁守著.万历十五年[M].北京:中华书局,2006.

2. [清]张廷玉等.明史[M].北京:中华书局,1974.

3. 沈德符.万历野获编[M].北京:中华书局,1989.

教师点评:

该生选取了明朝君臣关系的主题,列举了明朝的君臣关系紧张的三个表现,分析了其紧张的两个方面的原因,是对课本知识的一些扩充,也是小论文写作的一次尝试。

从南京的三次变迁看中国对日本的态度

学生　张奕婷　　指导教师　肖　虹

摘要：南京是六朝古都，也是民国时期中国国民党最高政府的所在地，南京和日本的关系变化很大程度上体现了中国政府的态度。本文从时空角度出发，通过南京的三次变迁探讨近85年来中日关系的三次变化。

关键词：南京的变迁　反法西斯　文化自信

南京，古称金陵，著名的六朝古都。南京120万年前就有古人类活动，长期是中国南方的政治、经济、文化中心。南京的变迁很大程度上体现了中国的变化。

一、沦陷到迁都：中国坚决反抗法西斯主义的态度

1927年宁汉合流后，南京成为中国国民党政权所在地。1937年7月7日，日本侵略者发动全面侵华战争，史称七七事变，意图三个月灭亡中国。但七七事变后，中国军民已建立了抗日民族统一战线齐心合力抗敌。日本侵略者南下，却在上海受到打击，其狂妄企图在淞沪会战中被中国军民粉碎。为了挽回自己的“面子”，同时给中国人民的抗日信心以毁灭性打击，日本侵略者在攻破国民党政府所在地南京之后，展开了有组织、有目的的全面屠城行为。日本侵略者“在南京实行全面屠杀与清剿计划，特别是士兵、南京居民一律杀掉”。

在现代社会中，人道主义要求战争不得伤害平民和破坏民用设施。但在南京大屠杀中，日本侵略者惨绝人寰地屠杀放下武器的士兵和手无寸铁的平民。日本军部的野田毅、向井敏明组织了残忍的杀人竞赛，两人都以“百人斩”闻名，

被日本报纸鼓吹为“英雄”；日本军部的田中军吉，用一把刀杀了300多个平民；日本侵略军甚至逼迫平民一排排地跪在长江边上，使用机枪无差别扫射。当年南京大屠杀案敌人罪行调查委员会搜集了大屠杀证据，“以供献于远东法庭”。经其调查，整理出大屠杀中有确实人证的案件2784件，包括枪杀1159件、刺杀667件、集体屠杀315件、烧杀136件、先奸后杀19件、炸死19件等。有外国记者回忆：“街道上尸体甚多，全是平民。红十字会想掩埋尸体，苦无卡车和棺材，卡车给偷去了，棺材被劈成片片，大放焰火，红十字会的掩埋工人也给赶走。”

日本侵略者以为在经过这么一场残酷的屠杀之后，中国政府就会因威慑而投降，但他们错了：南京沦陷后，国民党政府迅速迁都重庆，在大后方继续坚持抗战，表明了对抗战的决心，也让日本的企图破产。南京大屠杀不仅是一场法西斯主义的暴行，更是犯下了战争罪。中国政府坚决对投降说不，反映了对于法西斯的坚决反抗和与军国主义斗争到底的决心，同时也反映了中国人民民族气节的觉醒。

二、友好城市的缔结与取消：中国坚决对外开放但仍铭记历史的态度

20世纪70年代，中国和美国的关系趋于缓和，出现了转机。因为中美关系变化的巨大推动和共同安全利益的需要，1972年7月，田中角荣组阁后，在内阁成立的当天就提出，要实现和中华人民共和国的邦交正常化。1972年9月29日，中日双方签订了《中日两国政府联合声明》，日方承认中华人民共和国政府是中国唯一合法政府。1978年10月，邓小平副总理访问日本期间，随行的廖副委员长宣布南京与名古屋在年内结为友好城市。年底，文献正式签订。双方维持了长期的和平关系。而2012年，因名古屋市市长不承认南京大屠杀，中国政府采取了取消友好城市的应对措施。

三、近日“爆雷”：中国国民的文化不自信和对日本文化的态度

近日，南京玄奘寺供奉日本战犯一事遭受热议，经调查，供奉者为外地大学生吴阿萍。因为听闻南京大屠杀一事产生了心理阴影，于是产生了供奉几位战犯而寻求自身解脱的想法；而负责这次供奉的人是南京当地的僧人。调查结论一出，网友纷纷表示不满。一个南京当地人怎么就不知道南京大屠杀和日

本战犯？一个大学生怎么就做出这样的事情？一个南京本地的寺庙怎么就推卸责任，完全说是僧人和供奉者自己的问题？事情最后在一片骂声中不了了之。

无独有偶，南京举办夏日祭也冲上了热搜。夏日祭是日本民间传统文化，而南京夏日祭的宣传不仅有跳宅舞、体验日本特色美食这些常见项目，也有类似于逛鸟居（日本传统神社文化的一部分）、穿和服等完全模仿日本的项目。事发后，南京当局立马取消了夏日祭等活动，却堵不住悠悠众口。人们大呼：知道日本文化在入侵中国，但没想到，最先爆发的会是南京。

四、总结：勿忘历史，文化自信

南京大屠杀是一段惨绝人寰的历史，它告诉我们要团结一致来抗敌；告诉我们落后就要挨打，指引着我们不断向前奋进；也反向促进了中华民族的觉醒。而现在有很多人都淡忘了这一段历史，就连很多公众人物都不屑一顾。某博主在旅顺博物馆门口跳宅舞，某艺人参拜日本靖国神社，再到现在的供奉日本战犯……历史不应该被遗忘，历史带来的伤痛和教训不能被时间抹去。警钟长鸣，勿忘国耻，才可以知道天下兴亡的道理。

有人忘记了自己的历史，被所谓的日本文化洗脑，这些人应该被唾弃。但是骂声中，也有极端主义者对日本民族和文化不理性的排斥，他们说，在南京不能出现红色的太阳标志，因为像是日本的国旗；在南京不能出现日本人和所有日式建筑、日本美食，因为南京和日本不共戴天。在他们看来这是对日本侵略者的惩罚，其实归根结底却是这些人对我们国家的文化不自信。我国是拥有 5000 年历史的文明古国，仁义礼智信、兼爱非攻、协和万邦等思想深入人心。孔子的儒家文化不仅被中国人所学习，更让许多外国友人推崇备至。21 世纪的中国更要树立起自己的文化自信；在当今世界百年未有之大变局下，勿忘国耻，继往开来，继承和发展中国特色社会主义文化，发扬革命文化和中华优秀传统文化，学习优秀外来文化，坚定中国自己的文化自信。

其实，南京大屠杀是日本军国主义恶性膨胀的产物，需要追责的应该是那些日本军部和那些法西斯主义的倡导者，而不是全盘否定日本文化。日本社会也有良知和正义的人，他们反对右翼分子篡改历史，反对把南京大屠杀从教科书中抹去。以堀田善卫为首的战后派作家们表现出了人道主义精神和正义感,对南京大屠杀的史实进行曝光,同时对侵略战争进行反思。

以此文为戒,希望国人们能以史为鉴,开创和平美好的未来。

参考文献:

1. 百度词条——南京.百度百科.
2. 梓岚.南京大屠杀发生的原因解析.中国历史网,2019,3.24 发布.
3. 今日军事要点.南京大屠杀——中日关系的再思.网易网,2022,8.3 发布.
4. 李德英著.南京沦陷与暴行纪实[M].南京:南京出版社,2017.
5. [英]田伯烈著.外人目睹中之日军暴行[M].南京:南京出版社,2017.
6. 北京卫视.档案:南京大屠杀"百人斩刽子手".2018,5.25 播出.
7. 刘昫,等著.旧唐书・魏徵传[M].北京:中华书局,1975.

教师点评:

该生有感于南京近日发生的供奉日本战犯、进行夏日祭事件,通过近代南京的沦陷与迁都,20 世纪 70 年代南京与名古屋结为友好城市到被取消,回顾了从南京这座城市体现出的中国人民反抗日本法西斯侵略的坚定决心,牢记日本侵略的坚决态度,从而批判了那些忘却历史、迷失文化的人和现象,最后提出勿忘历史、文化自信的强烈要求。

用笔杆子吹响的第一声"红色号角"

——中国共产党创办的第一份日报《热血日报》

学生　毛新羽　　指导教师　肖　虹

摘要:1925年6月4日,在震惊中外的"五卅惨案"后,中国共产党创办的第一份日报《热血日报》在上海正式发行,主编由五卅运动领导人之一、当时负责党宣传工作的瞿秋白担任。同年6月27日被迫停刊,共出版24期。本文试从创刊背景、创刊内容、创刊意义三方面考察中国共产党的第一份日报——《热血日报》。在党的二十大召开之际,重温红色历史,书写时代华章。

关键词:中国共产党　《热血日报》　五卅运动

鸦片战争后的中国处在帝国主义与封建主义的双重压迫下,大多数劳动人民过着食不果腹、衣不蔽体、流离失所的悲惨生活。甲午中日战争后,大量外国商人在中国的通商口岸开办工厂,帝国主义列强侵略中国的方式由战争、商品输出转为资本输出。中国被帝国主义者当作发财的天堂,中国人民与帝国主义之间的矛盾愈演愈烈,最终无法调和。五卅运动就在这样的背景下爆发了,应运而生的《热血日报》也就此登上了中国的政治舞台。

一、热血涌动:帝国封建势力下的红色浪潮

"每一天都在恶劣的工作环境下工作12到18个小时,而且几乎全年无休,一天只有两毛到四毛钱的工资,甚至连吃饭最起码所需的一毛五都无法支付,还随时面临着打手的毒打……"这些骇人听闻的惨象却实实在在地发生于100多年前的中华大地上。1921年,中国共产党的诞生为饱经磨难的中国人民带来了

光明与希望。上海作为帝国主义侵略中国的桥头堡,同时也是中国工人阶级数量最多的地方,中共因此十分重视在上海工人中的教育与组织工作。早在1921年8月11日,中共就在上海成立了作为党领导工人运动、在工人中开展宣传工作的机关——中国劳动组合书记部。这一机关的成立,为后来党领导工人运动、宣传马克思主义奠定了坚实的基础。

1925年5月15日,上海日商内外棉七厂资本家借口存纱不敷,故意关闭工厂,停发工人工资。工人顾正红带领群众冲进厂内,与资本家论理,要求复工和开工资。日本资本家非但不允,而且向工人开枪射击,打死顾正红,打伤工人10余人,这成为五卅运动的直接导火线。顾正红同志的牺牲,在社会各阶层引起了强烈的反响。1925年5月30日上午,上海工人、学生2000多人,分组在公共租界各马路散发反帝传单,进行讲演,揭露帝国主义枪杀顾正红、抓捕学生的罪行,反对"四提案"。租界当局大肆拘捕爱国学生。英国捕头爱伏生竟调集通班巡捕,公然开枪屠杀手无寸铁的群众,制造了震惊中外的"五卅惨案"。

面对群众汹涌澎湃的反帝怒潮,当时的上海虽然有《申报》《时事新报》等9家大报,但舆论一片沉寂。甚至有的报纸抵制学生运动,认为"学生应当回到学校里去念书"。在这种情况下,《热血日报》应运而生,成为中共以笔杆子指引、宣传和鼓动群众的"第一声红色号角"。

郑超麟在回忆为什么取名《热血日报》时说:"五卅运动爆发后,商务印书馆资本家为了表示爱国或其他原因,拿出一万元给职工办一张小报,职工们于是出了《公理日报》,固然是爱国的,同情当时轰轰烈烈的运动的,但态度温和而稳健。瞿秋白看了后对我说:'哪里有什么公理,我们自己来办一个《热血日报》罢。'几日之后就办起来了。"

二、热血行动:《热血日报》为何热血?

五卅运动爆发后社会情况表

列强及帮凶行径	各界爱国行动	惨剧发展情况	会议	各国援助	言论	其他	总和
88	149	8	51	28	63	3	390
22.56%	38.21%	2.05%	13.08%	7.18%	16.15%	0.77%	100%

1. 发动群众,形成反帝爱国的统一战线

从表中可以看出,在报纸内容中,“各界爱国行动”所占比例最多。“各界”主要是指工人罢工、学生罢课以及商人罢市的“三罢”运动。五卅运动以前,只有一些先进的工人和知识分子奔走在反帝爱国的政治舞台上。五卅运动中列强的种种血腥暴力手段使各界人民愈发看清了它们的面目,发出了“头可断工不可上”“愿为革命政府后盾”等呼声,《热血日报》大量报道工人、学生和商人的“三罢”运动,使民众及时了解运动进程,有利于形成反帝爱国的统一战线。

2. 深刻揭露帝国主义与国内反动势力的恶行

五卅运动爆发后,帝国主义加强了对群众的迫害,而北洋军阀政府对此视而不见,完全倒向帝国主义一方。上海总商会则从自己的利益出发,不断谋求妥协与“和谈”机会。对上述种种行为,《热血日报》均给予了深刻的揭露与批判。

从表中可以看出,在报纸内容中,位列第二位的是“列强及帮凶行径”。在2—7期第一版中专设了《外人铁蹄下的上海》进行报道。从外国士兵围搜和占领大学、逮捕学生、强迫商人开市、枪击华人、残杀华侨到一些奸商私售商品给外国人、封建军阀帮助列强镇压民众反抗运动等都给予详细报道。

3. 积极宣传马克思主义,推动马克思主义同中国革命相结合

作为《热血日报》主编的瞿秋白于1911年和郑振铎一起创办了《新社会》,并发表了如《革新的时机到了》《社会运动的牺牲者》等宣传马克思主义的文章。在创办《热血日报》的同时,瞿秋白依旧坚持本心,积极宣传马克思主义,推动马克思主义同中国革命相结合。

熱血日報 (一)

熱血日報

民國十四年六月五日

每份銅元一枚

通訊處 北浙江路華興坊五六七號轉

第二號

我們的要求

外人鐵蹄下的上海

外國外兵及巡捕團搜上大

昨日上午八時二十分，英法日海軍及商團包圍西摩路上海大學，對學生肆搶搜索，搶物毆人，逼令後即驅逐出校。

小沙渡慘死工人昨日驗屍

三、热血无价:《热血日报》的创刊意义

1. “正视听,启民智”

由于上海旧有的中文报纸舆论宣传上的软弱和外文报纸对于五卅运动的歪曲,在一段时间内,群众无法准确地了解事实真相。对此,《热血日报》严厉批判了帝国主义列强控制下的报纸对五卅运动的污蔑、谩骂、挑拨与恐吓。它大量报道了工商学各界的群众斗争,深刻揭露了帝国主义的暴行,热情传播了国际无产阶级支持中国人民的消息,对于纠正群众视听、启发人民智慧产生了巨大的积极作用。

2. 用笔杆子吹响的第一声“红色号角”

作为中国共产党创办的第一份日报,《热血日报》在中共历史中意义非凡,它代表中共在舆论、宣传层面的又一大历史性进步。《热血日报》真正展现了中国共产党的纲领与目标,对五卅运动的开展起到了重要的宣传、指导和组织作用,成了用笔杆子吹响的第一声“红色号角”,像一把利刃插向了敌人的胸膛。

3. 党史研究的重要依据

《热血日报》是中国共产党创办的第一份日报。它的实物在经历了 1927 年白色恐怖、抗日战争、解放战争后,依然能够留存下来,并被陈列在中共四大历史纪念馆中,可谓是一个奇迹。它的留存为研究党史——尤其是研究党的舆论方式的转变提供了大量翔实的第一、第二手资料,是革命先烈留给我们的无价之宝。

四、结语

《热血日报》作为一份报纸,以马克思主义基本原理为指导,站在广大人民群众和无产阶级的立场上,客观公正地报道、分析了在五卅运动期间的事实,积极地宣传了反帝爱国思想和马克思主义思想,是中国共产党发展史中又一里程碑式的重大举措。尽管它相较于现代报刊的完备形式仍有许多不足和一定的局限性,但是将之置于特定的历史条件下,它在宣传共产党的方针政策、调动国内以及国际力量形成反帝统一战线方面起到了不可替代的作用,它既提高了民众的政治觉悟,也为即将到来的大革命高潮做好了思想舆论和干部上的准备,同时也为研究党的历史提供了详细的资料。

参考文献:

1. 周文娟.热血日报:办刊的历史经验与当代价值[J].新闻爱好者,2019,05.
2. 罗婧,方玲.浅析“热血日报”的办报特色[J].新闻世界,2012(5).
3. 热血日报:中国共产党创办的第一份日报[J].当代兵团,2021,02.
4. 中国新闻网.中国共产党办的第一份日报为什么叫这个名字?.2021,06.18.
5. 百度百科.五卅运动——热血日报.
6. 中国网.“五卅”运动.2002,10.24.

教师点评:

该生选取了中国共产党创办的第一份日报《热血日报》这一主题,通过分析该报诞生的背景、真实而又激情的报道,从而论证其“正视听,启民智”、吹响的第一声“红色号角”的巨大作用。文章结构清晰、图文并茂,使我们对中共领导革命斗争的历史有了更加全面的认识。

浅谈唐代两税法的历史背景及其对唐宋商品经济发展的意义

学生　岑逸舟　　指导教师　孙长芳

摘要:本文从"唐代的税赋制度的变化说明了什么"这一问题出发,按照马克思的说法,经济基础决定上层建筑,而税赋制度的演变无疑彰显了经济基础的变化。两税法的实施使上层建筑适应了经济基础,促进了社会生产力的发展,使从人丁为本转向以资产为宗。本文从安史之乱前后发生的大量的经济事实,来探究唐代税赋制度的演变,并展望其对商品经济的促进作用。

关键词:租庸调制　两税法　商品经济

一、租庸调制变两税法

租庸调制从北魏年间开始实行,到唐朝中后期约三百年的时间,其间虽经历许多变迁,但其内在逻辑是不变的,即将国家控制的无主荒地分配给国家控制的农民,再从农民手中收取实物地租与劳役地租。从中我们可以看出保证租庸调制顺利执行的条件有三:其一,国家控制了足够的土地;其二,国家控制了足以耕种这些土地的农民;其三,国家有足够的强制力量从农民手中收取赋税。安史之乱后,国家已无实行上述的条件,原因有以下三点:

1. 国家控制的人口大为减少,出现了严重人口损耗

国家控制的农民是赋税的主要来源。国家没有足够人口去耕作土地,租庸调制的人身基础也不存在。安史之乱爆发后,国家与周边藩镇与少数民族政权多有冲突,如唐与吐蕃、唐与河间藩镇的战争。一切以政权的稳固也就是军事优先。许多青壮年农民应召入伍,成为士兵。他们从粮食的生产者转为消耗者,消耗了

粮食,也导致了饥荒的产生。同时,由于叛军流窜,不少百姓、士兵也死于战乱。一场战争损失人数千余人,这样的战争一年有十多场。由此可以看见人口损耗之大。《唐会要》曾记载:“宝应元年四月敕:近日已来,百姓逃散,至于户口,十不半存”。①

除此以外,藩镇也控制了部分人口,户籍在藩镇。这部分人口不归中央管辖,自然也收不上赋税。据《旧唐书》记载,这样“户版不籍于天府,税赋不入于朝廷,虽曰藩臣,实无臣节”的地方,多达 97 处。② 而国家所依靠的人口也只有江南八道四十九州,一百四十四万户。这与全国 380 万户相差甚远。

2. 国家控制的土地减少,土地逐渐被兼并

经过了唐朝 200 年的稳定发展,人口大为增长,而政府控制的荒地越来越少。造成的结果是,授田的标准越来越严格,一个人分到的土地越来越少。从下表中可以看出,北魏 15 岁即可受田,66 岁结束。而唐朝广德元年从 25 岁到 55 岁,总共相差 20 年。将近少了一辈人! 除两位大户外,其余人只分到了四分之一。故狄仁杰的《乞免民租输》云:“窃见彭泽地狭,山峻无田,百姓所营之田,一户不过十亩、五亩。京畿地狭,民户殷繁。计丁给田,尚犹不足。”③而大户却分到了田,这也看出另一个原因,土地兼并。租庸调制中所分配的土地是无主荒地,而大地主原先占有的土地不参与分配。这也造成了一小部分人天生就拥有大量土地,更易进行资本的原始积累。

户　　主	应受亩数	未受亩数	未受百分数	年　　代
王万寿	一〇〇	九〇	九〇	开元九后
王行智	三四四	二七〇	七八	先天二
程恩楚	三六五	二八六	七八	天宝六
未　详	二三四	一七七	七五	天宝六
赵大本	四五三	三六三	八〇	大历四
索思礼	六、一五三	五、九一〇	九五	大历四
安游璟	三、一〇一	三、〇七二	九六	大历四
安大忠	一〇一	六八	六七	大历四

唐代授田表④

① 蔡利.唐中后期人口损耗与藩镇割据[J].红河学院学报,2010(5).

② 蔡利.唐中后期人口损耗与藩镇割据[J].红河学院学报,2010(5):44.

③ 岑仲勉.隋唐史[M].石家庄:河北教育出版社 2000:332-333.

④ 王溥.唐会要・内外官职田[Z].北京:中华书局,1955.

3. 国家强制力的丧失

国家通过强制力保障税收的收取,这是从古至今的规律。但收税的基础是建立在统一的户籍管理上,而没有户籍的农民相当于黑户,没有缴纳赋税的义务。还有一些农民战乱逃亡,不履行交租的义务。安史之乱后,国家失去了有效控制户口及田亩籍账的能力。

唐朝前中期时,三年造一次户籍。但安史之乱后,百姓流亡逃难,户籍资料损坏,虚系姓名,不具备收税的条件。当时衢州刺史吕温奏曾奏,"当州旧额户一万八千四百七,除贫穷死绝老幼单孤不支济等外,堪差科户八千二百五十七。臣到后团定户税,次简责出所由隐藏不输税户一万六千七百。伏缘圣恩"。①

在这样的背景下,租庸调制已无实施的可能性。而与租佣调制相比,两税法无疑可以快速恢复生产力。首先,因为两税法将统治基础扩大到了全体拥有土地与资产的人,包括行商,也要按三十比一的份额上交赋税。而佣农作为客户,也需缴纳赋税。这使人数真正到达了中央政府所控制的人口总数,200 万户。其次,它的征收并不需要很强的中央权威与国家强制力。它主要靠地方政府征收本地的赋税,按额上交给中央。由于按额上交,地方政府只会多收不会少收。这无疑保证国家的财政收入。最后,两税法收的是户税与地税,大大减少了大地主隐瞒土地,瞒报不交的可能。在贫困农民无交税的基础上,将赋税转移到地主阶级,一定程度上减轻了农民的压力,便于发展生产力。

二、两税法促进了商品经济的发展

1. 刺激货币需求

两税法将农民所要交的实物地租、劳役地租转变为了货物地租。农民必须将他们直接劳动的产品转变为商品,经过商人与官员的双重剥削后,才能被国家认可接受。毫无疑问的是,这刺激了民众对货币的需求。这一个过程,相当于农民又一次接受了一次毫无意义的劳动,如过去纳绢一匹,当钱三千二三百文,当今纳绢一匹,当钱一千五六百。商品的贱卖象征着货币的繁荣。出于这种原因,原来被藏起来的货币流通起来。更多的货币意味着更多的商品,这样就形成了一个循环。四

① 王溥.唐会要卷八十四[Z].北京:中华书局,1955.

川的交子就是典型的例子,当时四川的商业发达,不得不出现了凭证来减轻负担。

2. 农民人身关系减轻

两税法最显著的特点就是农民与国家的依附关系减轻。市面上各种生产资料都以货币的形式结算。农民(佣农)可以出卖自己的劳动力,但是这与佃农不同,他们以契约的方式来劳动。地主、手工艺者可以出卖自己的技术。《东京梦华录》中曾言:“凡雇觅人力,干当人、酒食、作匠之类,各有行老供雇。”①而商人等有雄厚资本的团体或个人,甚至可以使用资本从事高利贷产业。这些产业的生产效率很高,这可以从清明上河图的酒楼与市民阶级的生活看出。同时,大量的劳动力变为行商,进入城镇变为市民,大大增强了商品在全国的流动性。

3. 地主阶级实力下降,商人地位上升

与此相对,封建土地所有制慢慢解体,转而向国家控制下的私有制发展,类似于西方的价格革命。因为出现了真正的动产(货币,资产)。在两税法改革之前,农民将剩余劳动的产品上交给国王或他们所依附的大地主。自秦以来,国家赋税的主要来源一直是农业税。而自天禧末年农业税与非农业税的比例已来到40∶60,到熙宁变法时更是达到了28∶72。经济基础决定上层建筑,从赋税结构上的变化,不难得到,商人阶层由于对国家的贡献度提升,必然会去争取属于自己的社会地位、权利。这是由商品经济不断发展所决定的,社会上门第观念也开始淡化,转为“取士不问家世”,逐渐转变为以资产为宗。

4. 商品城镇的出现

商品城镇是商人间交换货物的场所,集市是农民与商人间交换货物的场所。

宋朝的城市规模比唐朝扩大了不少,出现了人口百万以上的城市,如东京。明显的例子有宋朝取消了宵禁与坊市之分。宋太祖在开国之初就下诏,“京城夜市,至三鼓已来,不得禁止”。在清明上河图中的临街商铺,出现了直通商铺的小巷,突破了坊市格局。这是由于大量无地农民转化为手工业者所导致的。此外,由于上文所提的货币经济,导致农民、商人对于集市的需求大增,急需有场所把自然经济的产物转变为商品与货币。同时也可以看出,国家对于商人资本流通的地域与时间限制已解除。

① 孟元老.东京梦华录[M].北京:中华书局,2020.

三、结语

安史之乱爆发导致国家粮食的减少,使唐王朝缺少快速恢复生产力,鼓励农民生产的物质基础,而土地的兼并,破坏了均田的物质基础,使其变为类似西欧的庄园经济。但在当时的条件下,必须快速地在人口损耗、土地兼并的情况下发展生产力,来面对藩镇边境的危机,租庸调制必须被放弃。这符合马克思所说的经济基础决定上层建筑,租佣调这种以人身为主的生产方式不适合当时的经济基础,对商品经济的发展起到阻碍作用。两税法大大扩充了国家的统治基础,从国家所控制的农民到几乎是全体民众,包括行商,改变了秦汉以来的重农抑商政策,向着原始的重商主义发展。同时转变了社会风气,逐渐转向“取士不看家世,以资产为宗”。同样,由于依附于货币进行交换,使得货币与商品经济获得发展。这些发展又导致了城镇的扩大以及贸易的繁荣,为宋元繁荣的商品经济奠定了基础。

教师点评:

作者从人口、土地和国家强制力三个方面分析了租庸调制实施的困境,在此基础上明确了两税法产生的历史背景,条理清晰;同时从四个角度——货币、人身关系、商人地位和商品城镇分析了两税法的实施对唐以来尤其是唐宋时期商品经济发展的意义,思路清晰,体现了一定的研究深度。

工业革命前后中西方社会发展比较研究

学生　周语萱　　指导教师　孙长芳

摘要:近代中国饱受西方列强的搜刮与侵略,看似偶发的事件背后却有着一段漫长的发展过程。以西方席卷起的工业革命为刻度线,此前,西方各国在思想上超前解放,在制度上不断完善,在发展中不断前行,而中国相较之下,思想依然禁锢,制度依然封建,发展方向单一无突破。这也是中西方在近代拉开较大差距的原因所在,中国在19世纪遭遇的种种厄运也便有了解释。历史的作用不仅是让我们去批判,更是让我们去学习与改进,从而真正地做到以史为鉴。

关键词:工业革命　西方　中国　社会发展

史书中有云:"以史为镜,可以知兴替。"回望工业革命前后中西方社会发展历程,自文艺复兴在意大利兴起,西方资本主义迅速发展,工业革命日新月异,多个大国先后崛起;而同时期的中国正处于明清时期,相比世界发展大势,中国开始逐渐丧失优势地位,直至1840年英国发动鸦片战争,中西方的武力碰撞正式开启。而这也是落后的封建主义与先进的资本主义的碰撞,结果可想而知。本文通过重点梳理并比较工业革命前后中西方社会的发展进程,试图窥见历史的教训并加以反思,以图吾人与吾国之自强。

一

自18世纪起,一股革命浪潮袭卷欧洲。这一系列的革命在规模和影响范围上都是史无前例的,从根本上改变了欧洲的政治和社会秩序。① 在不同的国家,最初的革命根据自身国家的实际情况呈现出不同的形式。在法国,人们通过暴力推翻

① [英]罗杰·普莱斯.1848年欧洲革命[M].郭侃俊,译.北京:北京大学出版社,2014.

了君主制度,在伦巴第维尼西亚则是以武力驱逐外国统治者,或者像匈牙利一样采取立宪方法。

跳脱出时代后期发展视角的局限性,其实那时几乎没有什么人真正地想要去或者期望革命,对于大部分的政治文化积极分子而言,1789 年的法国大革命已经对其有了足够的威慑力。因此,1848 年的革命其决定性因素应当是严重的经济、社会危机和政治困境使人们开始质疑现存制度的合法性。于是,1845 年的一场严重经济危机蔓延开去,大大加剧了由人口增长和工业化带来的社会问题,其从根本上具有埃内斯特拉布鲁斯描述的那些旧制度经济典型特征,1845 年及 1846 年谷物收成不佳等经济困难给本已下滑的商业、金融和工业生产带来了错综复杂的影响。由此,当地人民的苦难生活也有了多方面的干预。人道主义以及防止混乱的愿望,促使他们出台救济制度。①

回看历史长河,可以发现,保守势力对革命变化的反抗是不可避免的。一些极端的反自由主义者,都受到虔诚的宗教信仰和一名作为士兵具有的忠诚意识的影响。② 然而,这些反革命行为在时代的进步与发展面前只能起到进一步完善相关改革措施与稳固新的国体及国家政权的功能。行政和军事镇压虎视眈眈地盯着那些妄图抵抗和抗议者,一切的一切都有助于重塑国家的威望。

而在思想领域,从 18 世纪 20 年代起,法国启蒙运动逐渐开展起来,其代表主要是以自然神论为武器批判宗教唯心主义,鼓吹人本主义历史观,抨击封建专制主义。比埃尔·培尔是最初站在新教方面反对天主教神学的,后来他进而主张对一切宗教采取冷淡怀疑态度。在《历史批判词典》一书中,培尔颂扬理性,鼓吹宗教怀疑论,对 17 世纪形而上学进行了批判。培尔的批判点主要是对宗教神学,他认为理性与信仰是相互对立的,用理性的方法不能证明宗教信仰的真实性,信仰的对象,即神秘的东西本身就是不可理解的,荒谬性是神秘的东西的本质成分。其批判性在当时引发了轰轰烈烈的反响,具有反封建的现实意义。他为 18 世纪的启蒙运动扫清了道路,为法国掌握唯物主义和健全理智的哲学打下了基础,在世界领域都有着相当先进的进步性。

---

① 何炳松.欧洲全史[M].北京:台海出版社,2019.

② 冒从虎.欧洲哲学通史[M].天津:南开大学出版社,1985.

不仅仅是18世纪法国的自然神论和机械唯物论,而且有德国的古典哲学以及19世纪俄国的哲学,一些拥有着超前思潮的思想家,用自己的笔刃去切割这个世界,打开了一扇重新看世界的窗户。

革命与文化改良过后,英国率先进入了工业革命时期。18世纪60年代起,以棉纺织业的技术革新为始,英国的工业硬实力与综合国力也得到了前所未有的提升。其工业革命的产生与发展必有其前提。资产阶级政权的建立促进了资本主义的进一步发展,为其提供了足量的资本,圈地运动为资本主义的发展提供了大量劳动力,而国内外市场的扩大对工场手工业提出了更高的要求。18世纪中叶的七年战争在英国资本主义发展史上具有重要地位,①对工业革命的发生和发展起了很大的促进作用。七年战争是英法争夺霸权尤其是殖民地和海洋统治权的战争。这个时候的英国资产阶级比以往任何时候都更加迫切地要争夺殖民地和海上霸权,以便掠夺殖民地的财富,扩大对外贸易,发展国民经济。战争使英国资产阶级的这种愿望得以实现。七年战争使英国扩大了海外殖民地,对这些殖民地的直接掠夺,为工业革命提供了大量资金。七年战争后,许多地区都成为英国的殖民地,使得工业革命有了源源不断的资金和物质保证,从而得以顺利进行并最终完成工业革命。

英国的工业革命使得其获得了世界工厂的称呼,他凭借着自己过硬的实力为自己打下了日不落帝国的位置。工业革命的影响力不仅仅是局限在工业一个领域,甚至在农业上也起到了一定作用。吸收了大量技术成果的耕作方式和生产工具都发生了前所未有的改变,农产品开始供不应求。② 工业革命简化了社会关系,工业资产阶级开始成为主体,资产阶级实力不断上升,最终掌握了国家政权,促进了资产阶级民主制度的发展,同时也使科学文化得到了一定的进步。工业革命的成果传到欧洲、北美等国,促进了生产力的发展,帮助各国的新兴资产阶级有力地打击了封建势力。

在英国打头阵之后,一场工业革命的浪潮翻起了西方的半边天,由此,中西方差距不断拉大。

---

① [美]弗雷德·安德森.七年战争[M].北京:九州出版社,2022.

② 冒从虎.欧洲哲学通史[M].天津:南开大学出版社,1985.

二

回望东方中国，只剩下了封建专制与文化封闭，仿佛置身于一条上起下落的抛物线。

自 14 世纪意大利文艺复兴起，中国已经在世界不断向前的步伐中显得有些吃力。明太祖朱元璋采取了一系列措施去加强专制主义中央集权的统治，不断巩固以朱家皇室为首的地主阶级政权。赋役沉重，农民生活日益困苦，各地爆发了不同形式的反抗斗争。明朝初期，工匠这种底层劳动人民大部分要轮班到南京等地造作。强制性的劳动，亦更加促进了失班等现象的存在。①

宦官专政是明朝中后期的政治特点。宦官是皇帝私有财产的管理者，其中也有人占有大量的土地，掌握了强大的经济实力。然而，明朝中叶，先后出现土木之变、夺门之变等事件，政局动荡，统治者又无所作为，导致统治阶级内部皇权与官绅的矛盾日益加剧。② 此外，该时期土地兼并也十分严重，突出的表现主要是皇帝、王公、勋威、宦官利用政治特权大量占夺土地。大地主官绅豪横地对土地进行兼并，在江浙地带，农民每亩所得的收成不过只有二三石，而地租却有一石二三斗。南安、赣州二府富豪大户，不守本分，吞并小民田地，四散置为庄所。官僚地主不但掠夺农民的土地，而且将贪婪的目光投到了军卫屯田之上，军屯土地日益失额，多为地主豪强所霸占，在屯田被大量占据兼并的同时，军屯制度逐渐被破坏。明朝初年，政府控制的征收田赋的土地总额为八百五十余万顷，而英宗天顺七年(1463)，只剩下四百二十九万余顷，余皆落入具有免赋免疫特权和隐匿土地的官绅地主手中。③

经济方面，中国自古以来便是重农抑商，虽说后期也有人提倡工商皆本，但不可否认农业始终都是中国发展的主旋律。这便暴露出了一个很大的问题，当西方已经完工业革命的时候，中国仍只是注重发展农业，工业始终都是中国发展的一大弱项。毋庸置疑，工业的发展是衡量一个国家军事化水平和综合国力的

---

① 邓广铭，田余庆，戴逸，等著.中国通史(下册)[M].北京：中国大百科全书出版社，2019：102－103.

② 邓广铭，田余庆，戴逸，等著.中国通史(下册)[M].北京：中国大百科全书出版社，2019：116－117.

③ 邓广铭，田余庆，戴逸，等著.中国通史(下册)[M].北京：中国大百科全书出版社，2019：112－116.

首要条件,农业可以养活百姓这是最基础的,商业可以为国家谋财,这两者的发展足以为国家提供足够的物质基础,可若只是发展这两者,只能说是国家富了,但却丧失了一定的自我保护能力。这还不是最致命的,关键在于统治者自始至终都有着一种不可一世的态度,或许是宋元时期,中国始终处于相对较发达的状态,不管是从自身的生产力,对外的贸易量还是白银的输入量来看都比较优秀,由此让统治者产生了一种国家已经超脱于世界之外的错觉,让后期的统治者总以天朝上邦自居,认为外国都没有能够与中国相抗衡的实力。甚至在后来英国派出使者来中国展现自己在多次工业革命之后的成果时,中国的统治者依旧丝毫没有认识到这其中所藏着的科技水平,也没有任何危机感。这便使得西方使者意识到中国其实并不是他们想象中的那样,只不过是徒有其表且对自身没有充分认识的虚弱帝国。直至后来清朝对外限制贸易往来,英国开始使用在工业革命中取得的成果轰开了中国的大门之后,中国才从沉睡中醒来,这时已恍然成了列强们分割的对象。

西方工业革命时期,中国正值清朝,这条抛物线开始往单调递减的方向发展。

大概是从乾隆后期,清朝走过了全盛阶段而逐渐衰微,土地兼并剧烈,社会矛盾尖锐,而清代的人口却在迅速增长。人多地少,这让谋生成了一件困难的事,粮价飞涨,饥民遍野,社会秩序日益动荡。仿佛是一根导火索,轰的一声,各地的起义以及革命风起云涌,以王伦起义为开端,清中叶农民起义揭开了序幕,各地战斗四起,严重打击了清王朝的统治。很显然,这些起义都被一一镇压了下去,但社会的动荡仍在继续,更大规模的农民起义正在酝酿。太平天国起义时期,全国各族人民都掀起了规模浩大的反清大起义,起义地域广阔,民族众多,时间持久,斗争激烈,相互策应,声势为历史上所仅见。① 作为结果,兵权和财权下移,清朝原有的八旗、绿营等常备兵号已退化为毫无战斗力的乌合之众。清政府三令五申要求各省重视起来,但是已下放到地方的兵权不可能再收归清朝中央政府。在财政方面,清政府竭尽全力也不能发放军粮,很多地方都不能按照规定报销,于是督抚自行掌握财政,进行支配,清朝一再颁布“开源节流”等办法,但几

① 邓广铭,田余庆,戴逸,等著.中国通史(下册)[M].北京:中国大百科全书出版社,2019:221-223.

纸命令不可能使得地方把已经得到的利益拱手献出。①

封建专制一步步地加强,中央集权一步步地强化。国家不重视科技方面的发展,朝廷官员也只顾着自己一时的荣华与富贵。人民生活在水深火热之中,而皇帝却坐拥至高无上的权利。

这么看来,西方在搞思想创新之时,中国正困于文字的情结无法自拔。西方在开展工业革命,不断发展自己的工业硬实力的时候,中国只是发展着农业和商业,却忽视了同样重要的工业。西方根据自己的实际情况对政治制度进行调整之时,中国内部却不断内讧,不停内耗,搏个死去活来也没有什么实际性的成果。西方到处去学习其他国家的先进之处时,中国却以天朝上邦自居,闭关锁国,将自己困入樊笼。那么中国与西方乃至是整个世界不断拉开差距的原因也就可想而知了。

三

以史为鉴是要求我们不忘历史,而不是对过去耿耿于怀而无所作为。记住那些辱华战争中中国的无助是为了避免相关战事的发生,记住中西方的历史差距是为了不断提高自身的综合国力以缩小差距。不可否认的是,吾辈青年在时代的激流中担当的是促进中华民族伟大复兴的责任。山高不阻吾意,涧深不挡吾行,流年不掩吾志。新长征路上,吾辈青年以及万万千千的中华儿女都将会怀抱着这一份屈辱负重前行,学习古人的文雅,避免前人的愚行,端正自身的态度,谦以待人,学习改进,让中华之光照彻大千世界。

教师点评:

本文以工业革命前后作为时间截面,在此基础上分析了中西方社会政治、经济、思想文化等方面的发展历程,通过中西方对照,尝试窥探工业革命前后中国社会走向及其原因,对于工业革命后中国社会发展逐渐落后于西方的历史原因有了较清晰的认识。全文逻辑清晰,行文流畅。

---

① 邓广铭,田余庆,戴逸,等著.中国通史(下册)[M].北京:中国大百科全书出版社,2019:240.

从清朝顶戴花翎看冕服制度变迁

学生　黄熠涵　　指导教师　苏顺娇

摘要：古往今来，冕服之制是最能体现一个朝代的思想意志和情感的，它作为重要的王朝典章制度，被历代帝王高度重视。清朝是由满洲贵族建立的大一统政权，具有鲜明的萨满文化特征。清初，满汉民族矛盾和文化冲突十分激烈，一个完整的礼仪制度便是维护和巩固清朝正统的最佳方式。顶戴花翎为清朝官员所戴，是少数民族入主中原后建立新制度的产物，体现着上位者对下属的地位安排和奖惩赏罚，被满汉两族广泛接受，是成功的制度规范模板。我将从顶戴花翎入手，探究清朝冕服制度的变迁。

关键词：顶戴　花翎　清朝冕服　尊贵

一、顶戴花翎简介

“顶戴花翎”实为两件物品。一是“顶戴”，俗称“顶珠”“顶子”，是指有官爵者所戴冠顶镶嵌的宝石。顶戴的颜色和材料不同，代表的官员品级也不同。例如官员一品用红宝石、二品用红珊瑚等。如果官帽上没有顶珠，就意味着没有品级，称为“未入流”。二是“花翎”，是插戴在朝冠或吉服冠上的羽毛，一般是带有“目晕”的孔雀翎，目晕俗称“眼”。花翎被捆成一束，塞入官帽上的翎管之中，翎管一般用翡翠制成。尽管“顶戴”已能体现官员品级，但“花翎”是更重要的辨别方式。

据史料记载，清代羽翎分花翎、蓝翎、染蓝翎，以花翎为尊。花翎即孔雀翎，而且是孔雀尾部带有“目晕”的羽翎，即孔雀尾毛上的彩色圆斑，分一眼至三眼，三眼最为尊贵。蓝翎又称为“雕翎”，蓝色，羽长但无眼，比花翎的等级要低一些。

染蓝翎为染成蓝色的鹖鸟羽毛制成，等级自然更低。此后，“顶戴花翎”代替“乌纱帽”成为官僚阶层新的代名词。

二、清朝羽翎制度渊源

“顶戴花翎”用羽翎的类别来区分官位尊卑，并非首创。范晔《后汉书》有云：“鹖者，勇雉也，其斗对一死乃止，故赵武灵王以表武士，秦施之焉。”由此可见，从战国时代赵武灵王开始，就有将羽毛赐予武将的“鹖冠之制”。汉代便将鸟羽装饰武将帽盔以示英武：《后汉书·舆服志下》：“武冠，俗谓之大冠，环缨无蕤，以青系为绲，加双鹖尾，竖左右，为鹖冠云。”明朝羽翎多为“天鹅翎”：《明史·舆服志三》载：“都督江彬等承日红笠之上，缀以靛染天鹅翎，以为贵饰，贵者飘三英，次者二英。兵部尚书王琼得赐一英，冠以下教场，自谓殊遇。”这可谓是清朝花翎“眼”数的渊源了，明朝已有“英”数来区分贵贱，可见佩戴这样的羽翎已经成了一种殊荣。最后，清初查嗣瑮《燕京杂咏》云：“天鹅翎阔缀三英，遮子新兼四镇兵。”从这些记载不难看出，羽翎代表权利地位，并非一日之举，而是不断演化而来，最终在清朝成了一种较为完善的制度。有名家曾言，“一种结构性的东西不会无因而生，服装是一种权力，冠服等级是一种权力结构，或权力结构的一部分、一个侧面”。花翎虽不是服装之类，却体现了服装所代表的权力；上位者所制定的冕服制度，必定承载了他心中的“正统”思想。

三、顶戴花翎与满族文化的关系

清朝是满洲贵族建立的政权，虽然多数制度都模仿汉族而建立，但仍然带有深深的萨满文化印记。花翎作为清朝官员官帽上的重要配饰，具有鲜明的满族特色。与以汉族代表的中原文化崇拜龙图腾一样，以北方少数民族为代表的萨满文化同样有鸟图腾崇拜，各个部落氏族一般祭祀不同的“神鸟”。例如勇猛的部落会祭祀猛禽鹖鸟，它的学名叫作褐马鸡，是善斗之鸟，汉武帝时就将斗胜的褐马鸡的羽毛赏赐给建功立业的武将以示嘉奖。更为著名的“灵禽崇拜”部落会祭祀孔雀，由于孔雀是当时的稀有物种，物以稀为贵，它的羽毛更加贵重。孔雀羽毛又是大美、大德、大贤的象征，寓意吉祥富贵。“神鸟”的羽毛有如此重要的象征意义，满族的民族服饰才会带有明显的宗教色彩，体现一个部落的宗教观念。

由此产生的清代冕服制度便是满族历史和宗教不断发展的产物，从原始北方游牧民族的粗犷到大清王朝规范的华丽，萨满文化不断发展，不断尝试与中原文化交融。它控制下的后金去除了简陋的祭祀规则、剔除了野蛮的神论，转向在冠冕、服饰上隐晦地体现满族人的图腾崇拜，表达着满族的精神，同时也是政治权力的等级划分朝着中原发展。

萨满文化的祭祀传统也深刻影响了顶戴花翎制度。满族服饰的任何一个零件都充满了象征意义。在祭祀活动中，人们都会佩戴与萨满教紧密相关的饰物，后演化为固定的饰品，称为“灵物”，其中鸟羽毛的数量就是代表“神”能力高低的判别依据，通常插在“神帽”之上，这与顶戴花翎息息相关。羽饰象征着鸟飞翔的翅膀，代表着满族人民自由翱翔的灵魂，有着美好的期望。清朝发展壮大顶戴花翎，实在是民族传统文化深刻的影响让它成了一项制度。再加上上位者的大胆创新，接纳了汉文化元素，在两种文化的互相影响之下，造就了顶戴花翎。

四、顶戴花翎体现的清朝礼制变迁

顶戴花翎作为清朝看重的冕服制度，等级森严。戴花翎的只能是臣子，皇室子弟不能佩戴花翎，即不能自降身份，除非皇帝特别赏赐。清朝爵位中最为显贵的亲王、郡王、贝勒，按清初的规定是不戴花翎的。乾隆时期才开始戴花翎。宗室贵族之中，以三眼花翎最为尊贵，由贝子所戴，贝子意为“天生的贵族”，人称“贝勒爷”，是爵位的名称。双眼花翎为镇国公所戴，镇国将军有时也仅能佩戴单眼花翎。官员尊卑都在这一束小小的羽翎中显现出来，五品以上才能戴花翎，六品以下只能戴蓝翎，俗称“野鸡翎子”，地位低下。

花翎意味着尊贵，无数官员为之疯狂，对皇帝忠心耿耿。这就是清朝统治者的智慧，权力永远是让人心动之物，也是皇帝笼络人心的手段。乾隆时期，森严的制度出现了裂缝。一位郡王请求皇帝赏赐花翎，原本乾隆以身份不合拒绝，但由于大臣的劝说，赏赐三眼花翎作为美观的配饰，再赏赐给皇孙。清朝诸王争相请求佩戴花翎，不仅仅是因为时髦，更是皇室子弟内部的钩心斗角。花翎制度虽然出现了裂缝，但依然规格森严，如外任的文官武将若非功勋卓著，不得赏赐花翎，朝廷命官也仅能佩戴双眼花翎，等等。一翎难求之下，他们甚至不要宅邸金钱，也要求得一束花翎以示尊贵。

清朝由盛转衰,道光年间已有“别项劳绩保翎”之例,花翎制度再次出现破裂,特例只会不断增多,不断瓦解着花翎的“尊贵”。光绪初年,各种花样早已不胜枚举,花翎从高高在上的宗室贵族头上跌落神坛,沦为满街都不齿为谈,仅仅在低等官员面前留存的规定。

清朝末年,殖民者用坚船利炮打开了中国的大门,清政府入不敷出,捐例大开,花翎成了商品买卖。商人捐钱,朝廷竟因为无物可赏赠予花翎,实属走到穷途末路。鸦片战争时期更是流行捐翎,从七千两银子跌落至两百元。

五、结论

花翎,一个小小的官帽配饰,却见证了臣子、皇子的权力争夺。清朝由盛转衰,花翎最终成为文物被收藏,封存。清朝的礼制蕴含在花翎之中,从显示皇恩浩荡到无人问津,从天朝上国到“洋人的朝廷”,清朝的“正统”慢慢消失在森严的封建礼制之中。诚然,这值得我们深思。另一方面,花翎制度作为笼络臣子的重要机制,不失为成功的制度实践。它在规范清朝官员的言行、地位、赏罚方面,具有重要的导向性。

从铁路里望见历史

学生　钟莹雪　　指导教师　苏顺娇

摘要：近年来，宁波的发展日新月异，这离不开铁路事业的崛起。一列火车，一条铁轨，是一座城市的名片，更承载了一段引人深思的历史故事。本文通过追溯铁路的发展历程，探寻其中的历史故事，让我们更好地挖掘宁波的历史底蕴。

关键词：宁波　萧甬铁路　沪杭甬铁路

1863 年，英、法、美三国领事欲从上海到杭州的路上修一条铁路，张之洞对此很感兴趣，提议修建沪宁铁路。在多次与列强关于利益与路权问题的争夺下，盛宣怀于 1898 年同英国中英银公司怡和洋行签订《沪宁铁路借款草合同》，以此为依据，于 1904 年开始在中国修筑沪宁铁路。① 1909 年，沪宁铁路全线通车，宁波人第一次和上海铁路零距离接触就此诞生。次年，由萧山改建至宁波的首条萧甬支线铁路终于在今江北公园终点站举行开工典礼。② 萧甬铁路车站的开发建设，也迎来了今宁波的国内首个铁路车站。

宁波老火车站建筑

---

① 沪宁铁路——民国时期南京西到上海铁路线路.360 百科，2022－5－15.

② 宁波火车站的前世今生[N].宁波日报，2008－8－7.

萧甬线先在甬曹段动工。1914 年,甬曹铁路竣工,并正式通车。虽然此时开跑出来的火车也仅只有短短的两节车厢,但这一切对于当时的宁波来说,不仅是科技上的飞跃,更是人们生活的转折点。"鸡叫百官走,点灯到余姚"这一段历史终将被翻篇。乘火车从曹娥江启程,到达目的地仅需近两个小时。萧甬铁路的终点站宁波站的建设,也成功打开了建设宁波的新局面。

宁波地处江南,水网密布,选址实际上是一个关键问题。那么,第一个火车站究竟为何选在江北呢？要回答这个问题,需要追溯我国铁路的发展历程。

《东西洋考每月统记传》是我国最早开始用中文出版的期刊。道光乙未年,有一篇名为《火蒸车》的文章。因为早期的火车用蒸汽推动,烟囱会喷出火焰,所以西方将它称为"火车""火蒸车"。这是"火车"这一词语最早在我国出现。清光绪二年(1876),英商怡和洋行偷偷在中国上海地区修建了中国区最早的一条地方铁路——上海吴淞铁路。在民众和地方官员汹涌的反对声中,清政府决定赎买吴淞铁路,价格为白银 285000 两。买回吴淞铁路后,清政府下令将铁路全部拆除。

吴淞铁路拆除了,英国人却赚了一大笔钱。他们看到,在中国修建铁路利润巨大,贪婪之心不断发酵,英国便再次向清政府官员提出,要中方出资修建苏杭甬线等共五条支线铁路。1893 年,英商怡和洋行再一次和当时清朝政府中的一位驻沪通商铁路大臣以盛宣怀洋行之名义正式签订了章程——《苏杭甬铁路草约》。① 这将中国铁路的管路权全部交给了洋人,中国的主权与领土再次受到侵犯,各界上层人士都纷纷撰文表态,对此问题深感愤慨不平。清政府为民情所逼,同意收回自办。英商因铁路被浙江争回而正式向中国政府提出抗议。在这样的混乱局面下,沪杭甬铁路于 1910 年 6 月开工兴建。

当时,对于宁波站的选址,产生了各种不同的观点与看法,由此发生了争论。上海方认为车站应设在江北,宁波方认为应设在江南建船厂地段(今海曙区和义路战船街),两方针锋相对。英商的抗议也步步紧逼。若此时宁波车站还不能定下位置,可能会让洋人乘虚干预。浙江铁路公司经理委托了汤寿潜副经理、刘锦藻经理出面进行协调,沪、甬意见才终于达成一致,定下宁波车站的地址在江北

① 仇柏年著.外滩烟云 西风东渐下的宁波缩影[M].宁波:宁波出版社,2017.

傅家街头（现在的江北公园）。当时的技术条件并不像今天这么发达，但萧甬铁路风风火火只用了短短三年半的时间就全部建成了，[①]无不让宁波人为此骄傲自豪。

沪杭甬铁路全长近两百公里，涉及多个地区，而最先能在宁波快速发展起来，与诸多因素相关。此时便要聊聊孙中山先生的故事。

1912 年，孙中山先生辞去中华民国临时大总统职位，担任中国临时政府全国铁路处之督办。“以观今日之中华世界，非赖有中国铁道而无以立国。”这是孙中山先生当时所说。铁路，这一近代资本主义工业文明最显著的标志，进入了急于改革的中国。

1916 年，孙中山先生乘曹甬铁路火车抵达宁波，当天下午在浙江省立第四中学（今宁波中学）暨宁波各界校友欢迎会开幕式上发表了演说。他于大会最后总结说：“宁波人之实业，非不发达，然其发达者，多在外埠。鄙见以发达实业，在内地应更为重要。试观外人，其商业发展于外者，无不先谋发展于母地。盖根本坚固而后枝叶自茂也。”[②]

在座的宁波各界人士十分佩服孙中山先生的见解。当时宁波人的实业在外地已经十分深厚，但在宁波本地却不见强大，交通不便是一大因素。宁波地处滨海，是交通末端。如今好不容易有了一条铁路，但这条铁路被两条大江分成三截，无法连成一体。

铁路从上海出发到杭州闸口停止。从杭州至萧山被钱塘江阻隔，萧山至绍兴便无从修筑铁路。而到宁波又被曹娥江再次隔断，只能先从曹娥修到宁波。[③] 除此之外，更别说因为建设资金问题，从原先杭州站至现在的曹娥段站点间连接的城际铁路也迟迟无法顺利动工。因此，在当时杭萧甬两条铁路线全部建成并贯通运行后的这近二十多年里的时间里，曾一度出现以现在的曹娥江的车站为分界，在宁波车站的这头场面热闹非凡，但在杭州车站仍是冷冷清清的局面。地理因素、资金、政治改革、抗战背景、机遇等多重要素叠加，使得铁路先在宁波建了起来。

---

① 宁波历史上最早的火车站.360 百科，2019 - 4 - 21.

② 宁波铁路的百年沧桑.鄞州史志网站，2012 - 5 - 7.

③ 杭甬铁路.百度百科，2020 - 12 - 23.

正当人们沉浸在中国铁路高速腾飞发展的大好日子即将就要到来的喜悦之时,好景不长——“八一三”淞沪战役突然全面打响,3 架日本俯冲式轰炸机将矛头指向宁波火车站,向其投放了 14 枚重磅炸弹。车站几乎被摧毁,全部房舍和部分月台设备均遭毁坏。1938 年,国民党南京政府铁道部为抵御日本侵略者南下进犯,紧急下令将萧甬两条旧铁路全部拆除,只留下路基。铁路被摧毁的同时,无数人怀揣的梦想和希望也一同被埋葬。

沪杭甬专线铁路的恢复及重建,已是在中华人民共和国成立将近半年多之久。[①] 到 1959 年 6 月 10 日,杭甬铁路萧甬段全线得到修复。从萧曹为起始点,途径余姚、慈溪、庄桥等,宁波铁路一直在向前发展,充满活力。二线工程建成后,货运量大大增加;电气化改造完成后,绍兴风情旅游新干线和宁波至余姚的城际铁路贯通运营,沪杭甬铁路对沿线江浙地区经济、社会、文化等方面产生重大影响。农产品的商品化进程不断推进,同时也为工业和商业的发展提供了便利的交通;长江三角洲的人口流动,加快了沿线地区城市化的进程,使其近代化程度不断加深;人们的社会生活方式在潜移默化间被影响,文化生活更加丰富。[②] 多少人乘着列车离开家乡驶向梦想的远方,又有多少人在铁路旁安居乐业。铁路见证了科技的飞速发展,承载着数百年的历史,记录下人们的美好生活。

绍兴风情旅游新干线“鉴湖号”行驶在杭甬铁路上

① 沪杭铁路.百度百科,2022-3-26.

② 上海社会科学院.沪杭甬铁路与沿线江浙社会研究(1906-1937)[D].2017.

沪杭甬铁路经过时间的考验与洗礼，才有了我们今天所看到的繁华景象。“和谐号”动车组列车等高科技列车登上舞台，新塘特大桥、姚江特大桥、柯桥特大高架桥等耸立于站点之间……从一地尘土到一日千里，沪杭甬铁路的从无到有，是对宁波飞速发展的最好认定。

萧甬铁路的故事，是宁波与历史的勾连。无数钢铁与尘土的印记，为宁波人的创新发展、实现梦想搭建了一座座桥梁。

脊　　兽

学生　胡浩婷　洪子涵　　指导教师　苏顺娇

摘要: 泱泱华夏文化五千年中,脊兽文化独树一帜。各个朝代不同类型的脊兽变化折射出一条清晰明了的中华文化的历史脉络,以及中国建筑发展史。脊兽以其造型的独特和多样,寓意的丰富和绵延,古传言的众说纷纭,不谋而合地反映了人们对富贵平安的向往;同时脊兽承载着鲜明宏大的时代与文化特征,各个朝代人们生活的习性与观念之日新月异也隐藏其中。

关键词: 吻兽　望兽　戗兽　仙人走兽

在中国建筑中,屋脊装饰虽非重要结构,却因其位于屋顶最高点而成为人们注视的焦点。古人敬天,善于飞翔的鸟类被尊为通天之媒介;同时因古代建筑多为木质结构,遇雷暴极易起火受损,传说能避火的脊兽应运而生。

中国古建筑多为土木结构,在长条圆柱形木材上覆盖瓦片来构成屋脊。檐角处的瓦片因其位置特殊,上承垂脊的瓦片施加的向下推力,又面临着被大风吹落的风险。因此,为了保护该结构,人们用瓦钉来固定住四角的瓦片,接着兼具实用与美观的脊兽逐渐代替瓦钉的钉帽,形成了脊兽这一形制。随着朝代更替,形态各异的动物形象脊兽逐渐形成,并进一步被赋予了等级标示的作用。如今在国内的宫殿和古建筑上,这些精致的小兽端坐檐角,为浓厚的皇室和贵族气息平添了几分优雅与美感。

简单来说,脊兽按其口的朝向,可分为两类:一类是口向下、呈含脊状,称之为螭吻(吞兽);另一类则口向上,嘴或张或闭,叫垂兽、望兽、蹲兽。至于古建筑中脊兽开闭口的原因,是融入了主观意识和神秘色彩的。或是建筑风格不同,或是各家起家背景、经商理念有区别,都将导致开闭口的差异。

除此之外,脊兽安放有严格的等级区分,一般情况下,等级越高,脊兽越多。不同等级建筑安放脊兽的等级数量有严格的规定,最典型且最负盛名的当属故宫。太和殿别称“金銮宝殿”,顶脊上的脊兽十样俱全,是唯一拥有十只脊兽的宫殿。依次摆放的顺序为“一龙二凤三狮子,海马天马六押鱼,狻猊獬豸九斗牛,最后行什像个猴”,①其中领头的则为仙人。全部由琉璃制成,色配齐全、金碧辉煌,显示了皇家的气魄,同时也象征着传统的封建意识,并流传至今。

汉代画像砖门阙屋脊上常可见凤凰栖息,北魏时期的云冈石窟浮雕屋脊可见“鸱尾”,大抵可推测出六朝时期中国脊饰从汉代的巨鸟转变为尾巴。同时有考证,在古代人们也有用鸱鸺(猫头鹰)作为脊兽置于屋顶的。而唐代大雁塔门楣石刻则更清晰地描绘了鸱尾的细节——只有尾部而无头身。到宋朝时,宋画中所见脊饰已开始改变,除鸱尾外,还出现了龙与螭,呈张开大嘴咬住屋脊状,因而也称之为“龙吻”。偶尔也会有龙头朝外的情况。

汉族古建筑正脊两端的兽头,称为“鸱吻”,因其位置和形态又称龙吻。鸱吻为龙生九子之一,好在险要处张望,也好吞火。相传汉武帝建柏梁殿时,听闻大海中有一种鱼,虬尾似鸱鸟,即是鹞鹰,可喷浪降雨,可防火,建议置于房顶上以避火灾。从而便塑其形象在殿角、殿脊、屋顶之上。依据“术士”们的说法,在宫殿的正脊两端装饰鸱吻寓意镇火,后来沿袭成制。值得一提的是,在唐宋时期鸱吻的背上出现一块抢铁,而到明清两代时逐渐演化为一把短剑。相传这是晋代名道士许逊之物,插在鸱吻背上以防其逃跑,从而达到永远喷水镇火的目的;更有传说那些妖魔鬼怪最怕这把扇形剑,放在鸱吻背上有避邪之意;因此这把短剑

① 伊桑阿等.大清会典.

也可以将鸱吻定在屋檐上恪尽职守,不得擅自逃离。

唐宋时期,脊兽开始出现多样化的外形。但建筑上脊兽数量仍很少,后世的脊兽多由唐代的"脊头三翘"演变而来。而根据"套兽施之于子角梁首,嫔伽施于角上,蹲兽在嫔伽之后。其滴当火珠在檐头华头甋瓦之上"。[①] 可知宋代的脊兽有套兽、嫔伽、蹲兽、滴当火珠等几种。其中滴当火珠即甋瓦之上的瓦钉,至今虽未有出土遗存,但据还原其形象应与莫高窟唐代壁画建筑瓦作中的火珠瓦钉形象类似。(图1)

图1　莫高窟唐代壁画

图2　宋元·荷亭奕钓仕女图

另外,据记载:"佛道寺观等殿阁正脊当中用火珠,火珠并两焰。其夹脊两面造盘龙或兽面",[②]可知火珠除了用作瓦钉外,还可用在殿阁正脊之中,即正脊火珠;嫔伽则为宋金时期常见的脊兽形象,人面鸟身,双手合十,位居首位,宋代时开封铁塔还能一见,后被明清官式中的仙人骑凤取而代之;蹲兽则无准确记载。垂脊末端的垂兽是很明显的宋代风格,嫔伽居首位,其后施以五只蹲狮,檐下子角梁安套兽。(图2)

宋代套兽的形制与后朝不同,套兽嘴角明显向上弯曲,具有显著的当时的龙嘴特色。宋代建筑大悲阁的脊兽中,一名武将坐在首位,紧随其后为坐龙,接着是两位翼人,形似行什而无金刚杵,第五位鱼形或为摩竭,西夏与金皆有出土,最后一位应同为武将。

---

① 李诫.营造法式[M].北京:中国书店,1995.

② 李诫.营造法式[M].北京:中国书店,1995.

及至明清时期,脊兽开始有了严格的规格制度,也出现了最为我们所熟知的几种脊兽。脊兽可细分为跑兽、垂兽、“仙人”及鸱吻。其中正脊上安放吻兽或望兽,垂脊上安放垂兽,戗脊上安放戗兽,另在屋脊边缘处安放仙人走兽。

一、吻兽

吻兽位居殿角、殿脊、屋顶之上,正脊和檐角是殿顶两坡的交汇点。因雨水从交汇点的缝隙容易渗入,装以吻兽可以起到严密封固瓦垄的作用。同时为了防止各斜脊瓦件的下滑,古代匠人使用钉子固定,又为避免钉孔漏雨,便加盖了钉帽,并将钉帽做成吻兽样式。中国目前已知最大吞脊兽位于紫禁城太和殿上,由十三块琉璃件构成,其总高 34 米,重 4.3 吨,是中国明清时代宫殿正脊吻的典型作品,流传至今。

二、望兽

望兽等级不如吻兽,位于房屋正脊的顶端,常用于城墙上的城楼、铺房,如北京鼓楼、正阳门城楼和箭楼、北京国子监正脊上均用望兽。

三、戗兽

戗兽是古代中国建筑戗脊上的兽件,用于歇山顶和重檐建筑上。戗兽是兽头形状,将戗脊分为兽前和兽后,兽头前方安放蹲兽,它大致有三个作用:镇妖驱邪;防雷设施;固定屋脊。戗兽越多,级别越高,且数目都是奇数(表示“阳”,表清白),其中以九件等级最高,称为“走九”。

四、仙人走兽

仙人走兽多放置在古代中国宫殿建筑庑殿顶的垂脊上,歇山顶的戗脊上前端的瓦质或琉璃的脊兽,分仙人和走兽两部分。根据宫殿的等级不同分布,最高的有十一个。骑着凤凰的小人是重脊的排头,其后是一排小兽,在最后面有一个较大的兽头,为垂兽。仙人与垂兽之间的小兽统称走兽。走兽的排列有着严格的规定,数量的多少是依宫殿的大小、建筑的等级而定的;最多可达九只,随着等级的降低而递减,从最后依次往前减少。

相传战国时齐缗王败北后被追兵紧逼,生死攸关,遇一大鸟。缗王驾鸟而去,化险为夷。因此将骑凤仙人安排在首位,寓意腾空飞翔并有祈愿吉祥的含意。其作用是固定垂脊下端的第一块瓦件。小兽都各有寓意,但它们都有一个共同的作用——在结构上稳固屋脊和瓦垄。吻是固定正脊、岔脊的构件;小兽具有防止屋脊滑动的作用,是防止雨水侵蚀渗漏和松散脱裂的重要琉璃部件,是我国古代建筑不可缺少的一部分。这些脊兽经历了沧桑巨变数百年,仍瑰丽美好,传承着中华文化。①

近年来,多地考古成就的公布让脊兽重新进入人们的视野,依旧熠熠生辉。在沙市镇东北的徐家台附近开水渠时,社员们发现一处古文化遗址。遗址范围内,暴露有较明显的文化层,其中最为珍贵的即是一件西汉初期纪年的筒瓦脊兽的出土。据"四阿殿五间,九脊殿五至七间,套兽径八寸,嫔伽高一尺二寸,蹲兽四枚,各高八寸,滴当火珠高六寸"②的记载,说明这件筒瓦蹲兽所附之建筑物,为重檐歇山顶五间至七间的大型宫殿式建筑。由此可见我国大型宫殿式建筑,最迟在西汉时期就较为完备。这件出土文物为研究我国建筑发展史提供了相当重要的资料。③

纵观历史,脊兽作为一种精巧璀璨的中华文化特殊象征,或许在近现代建筑中逐渐退出舞台,消失在人们的视线中,但在朝代更迭的发展历程里,它始终作为见证者牢牢屹立于殿脊之上,岿然不动,并将作为传承者坚守下去,凝视着中华人民之自强不息、中华文化之绵延不绝。

---

① 中国古建筑构件百科　脊兽.网络文献,2019-02-22.

② 李诫.营造法式[M].北京:中国书店,1995.

③ 沙市考古　我国现存最早的纪年脊兽.网络文献,2020-03-10.

轻触厚茧之下的红色脉搏

——浅析“一战”劳工对我国革命事业的贡献

学生　陈思羽　翁晴渝　　指导教师　苏顺娇

摘要:相较于五四运动后工人阶级的星火燎原、轰轰烈烈,“一战”中的广大劳工似乎鲜有人问津。但寂寂无名抹不去他们光辉而长存的功绩。在黑暗的时期,他们在政府的呼吁下奔赴未知的战事,归来时带回红色的火种,推动了中国红色革命事业的起步和成长。

关键词:“一战”　劳工　革命　红色事业

工人阶级,一个具有强大凝聚力的共同体,于“一战”时期北洋军阀统治下水深火热的中国,并非可有可无的存在。

他们是沉默的大多数,更多时候以历朝历代被打压对象的形象呈现在纸页上,和将近四万万的其他底层人民一样,一无所知地被卷入时代大矛盾下的风口浪尖。北洋政府不断轮换的实际掌权人于他们而言毫无意义,他们更忧心的是一粥一饭的来之不易。但也正因为这样微弱而又坚韧的争取,时代的视线捕捉到了他们,赋予了他们成为未知道路开拓者的权利——1916 年 8 月到 11 月,北洋政府面对欧方的邀请,慎重考虑并确立“明示中立,暗示参加”的策略方法后,决定“以工代兵,赴欧参战”,成立了招聘机构“劳工海外输出公司”,共派出超过 14 万人前往欧洲。这 14 万人,有一个共同的名字——赴欧劳工。他们的质朴勤劳和与多元文明相互碰撞所带来的巨大价值,使他们成为了我国红色事业诞生与发展不可或缺的先驱。现在,我们重温这段鲜有人回忆的历史,借此更好地理清我国革命事业发展的细节脉络。

一、拓宽理论,助推革命思潮

1. 眼界的开阔

认知决定选择,选择决定命运,只有梯子搭对了墙,努力往上爬才有意义。体检,签协议,远渡重洋,时代帮他们做出了选择。而异国全然不同的经历所带给华工的,不仅是身体上的磨砺,更是使他们跳脱出原有文化认知的跳板。他们走出舒适圈,站在了新思想的前沿,每个人都成了多元文化的交汇点。不同文化的对峙与交融,拉长了他们的眼光,拓宽了他们的眼界,给他们思想的世界带去了无限可能。

2. 思想的更新

来自西方的基督教青年会(简称 YMCA)的成员和在海外进修的中国留学生们积极地在赴欧华工中传播新思想,和华工们一起创办提高个人素养的个人进修协会,传递给他们健康文明的生活方式和开放包容的思想观念。在闲暇时,他们有运动会、唱京剧等诸多活动,甚至会举办邀请当地居民参加的舞会。在接受新思想与旧知识的交融后,大部分华工的精神、思想出现了崭新的气象。

3. 意识的觉醒

在战争阴云的笼罩下,他国人民对国家的赤忱之心也深深地感染了他们。在硝烟弥漫的战场中,他们目睹了种种以身殉国的悲壮之举,他国人民为信仰、为国家的殊死奋战唤起了他们内心炽热的爱国热情,他们希望自己的坚实依靠是一个强大的国家,希望自己的背后拥有一个坚固的避风港,心甘情愿为国家的繁荣献出汗水甚至鲜血。于是他们也的确将信念付诸实际行动来捍卫国家的尊严与荣耀:“一战”结束后,五千名华工受邀去往比利时,参加为庆祝协约国在“一战”中的胜利而开办的运动会。当注意到会场上空飘扬的并没有中国国旗时,他们表达了自己强烈的不满,因主办方的轻视而拒绝参加;在回国途中,他们拒绝在日本下榻。可见,爱国在他们心中已经不仅仅是一种抽象而理想化的概念,而是成了熔铸于日常生活中的态度,真正做到了知行合一。

随前卫思想袭来的还有民族不平等观念的刺激。身处恃强凌弱、无处不在的种族歧视的阴影里,华工们深刻地意识到祖国的国际地位和强大国力的重要意义,他们的归属感和民族自尊心得到强烈触动。1918 年,身处欧洲的华工向中国捐赠财物,为身处洪水引发的饥荒中的同胞贡献自己的一分力量。他们的爱心与真诚跨越了几乎整个欧亚大陆的距离来到同胞手中,传递着荣辱与共的信念和生生不息的希望。

做着与前线战士相差无几的工作,在甚至比中国本土更困难的工作条件下,即使他们的待遇配不上他们的付出,他们还是坚持站在了更高的平台上,为中国与其他各国的平等地位和战后发言权而奋斗。

4. 信念的传递

回国后,没有受到过正式教育的华工首次与下层农民结合,他们开始学习组织领导群众的经验。这是一次对国人思想和民族意识的巨大冲击。这次大规模的人员流动,也使中国政府与民众更加关心国际局势,爱国意识空前高涨。由于受袁世凯阻挠而停止的留法勤工俭学运动借此重燃,一大批精英借此机会去往法国深造,他们中的一大部分成为后来领导革命的中坚力量,如周恩来、邓小平等。对于大多数自幼接受中国式思想的知识分子而言,这是他们第一次与先进文化对接、与不同思想相拥。

二、走出沉默,凝聚阶级力量

作为北洋政府用来遮掩混乱、抵抗来自西方的压力而抛出的缓冲力量,每一位劳工被赋予的编号下都暗藏多方角逐与让步的潜流。这样一个多方因素杂糅的工人团体,他们的一举一动顺理成章地成为展示中国参与国际事务愿望与能力的不二载体。机遇与困难、责任与压力的交织,令他们在战火中逐步实现了整体的优化与凝聚,最终促成了工人阶级的崛起。

1. 阶级的团结

华工赴欧之前,大都没有接受过系统的知识教育,文化素养低,政治意识更是无从谈起。然而前线的生活让他们深刻意识到了工农之间的差距,以及教育对个人发展乃至国运兴衰的重要性。随着个人素质的提升,不少华工开始认识到了自身的阶级利益。为了捍卫自己的权益,他们团结在一起,建立了多种多样的工会,旅法华工工会就是其中的典例。其工会章程明确表示,一定要学习西欧的先进之处,培养专门专业的技术产业工人,给自己的同胞开辟一条谋求生计的道路,也为将来归国后促进社会变革打下扎实的基础。而部分华工回国后组织归国华工工会,为谋求工人阶级的权益而斗争。工会成员立下誓言,决意与赌博、酗酒、抽鸦片一刀两断。华工工会是中国现代工人联合团体组织的先驱之一。

由此可见,第一次世界大战后回到中国的华工是中国工人阶级登上历史舞台的首要推动力量,是革新中国未来命运和发展道路的前锋。这种工人阶级意识的觉醒不仅仅于工人自身有益,更有利于祖国的发展。

2. 力量的发挥

他们的挺身而出也成了国内诸多革命运动的导火索。面对日本帝国主义趁机占领青岛的无耻行径,在巴黎和会各代表团签署承认《凡尔赛条约》正式生效的前一天,留在法国的"一战"华工和旅法中国留学生们团结在一起,举行了轰轰烈烈的抗议行动。为了给巴黎和会的中国代表团施压,团长陆征祥被华工毕粹德邮寄了手枪,并被告知只能在同意日本要求卖国和保住自己的性命中择一。这个充满胆识的举动背后是一个阶级的力量。作为五四运动的助推力量之一,他们充分展现了一个有强烈的政治参与意识的群体的强大组织性和顽强斗争性。

三、实干为媒,塑造国家形象

在异国他乡,华工们遭受了诸多苦难。在中方对德正式宣战后,协约国自然而然地将华工安置于最前线的枪林弹雨中。挖战壕、修工事,这些需要冲锋在前而手中并非武器的工作,更多时候比敌我双方势均力敌的对峙更危险。从救援伤者到掘埋尸体,从修路造桥到运送物资……简单的文字无法言尽他们繁重的工作。他们的付出并非诸多镜头前热血与呐喊的激情,而是运用技术与技能的、修复战争带来的满目疮痍的守卫者。作为法国高层言中的"世界一流工人",他们以优异的素质和卓越的能力,配合各国高效的操作手段,让后勤保障与生活供应的齿轮环环相扣,在战争的阴霾中划出一道透光的缺口。二十多年前,在法国巴黎竣工的战争英雄纪念碑,仍然静静矗立着,跨越语言与岁月,铭记着这群来自远方的中国人。历史的标杆公平地丈量了他们的能力,时间又进一步见证了他们的发展。他们成了未来中国革命的武装力量不可或缺的来源、中国道路不容忽视的参与者和建设者。

四、结语

"一战"赴欧的中国劳工是学习和传播先进革命思想的先行军。他们以自己的蜕变,为“一战”后的中国注入了充满活力的新鲜血液。不同于普通的号召,作为国家的新兴因子在国外的延伸,华工们的种种都与国家意志紧紧捆绑,并给国家带来了更多可能,带来了新的理想、新的希望、新的方向、新的前景。曲折中点点滴滴的改变擦亮了红色的火星,引领中国走进光辉灿烂的崭新未来,指引着我们继续奋进的道路。

参考文献:

1. 黄英湖.一战赴欧华工及其特点分析[J].八桂侨刊,2011(04):52-54.

2. 董振超.一战前后赴欧华工思想变化探析[J].重庆科技学院学报(社会科学版),2017(08):105-107.

3. 立行.一战赴欧华工:中国革命的导火索?[J].Times Figure,2016(04):100-101.

生长在中国文化土壤里的洛可可艺术

——初探中国文化传播史

学生　王妮可儿　　指导教师　苏顺娇

摘要:面对仍处于黑暗的中世纪、局部战乱不断、罗马教廷控制人们精神生活的欧洲来说,马可·波罗的游记带来极大的冲击力,一出版便风靡欧洲。这也奠定了欧洲人对东方的向往与崇拜。这也使得中国与欧洲的海外贸易变得更加密切,瓷器、漆器走得愈加远了,中国热也惹得愈加热烈了——它开始慢慢成熟等待着某个时期破土而出。

关键词:洛可可艺术　中国风　青花瓷

洛可可艺术诞生的背景

中国风格之于西方的起源可以追溯到极早的 13 世纪。作为 13 世纪著名的旅行家,马可·波罗在游历完北京后就对中国大肆吹捧。面对仍处于黑暗的中世纪、局部战乱不断、罗马教廷控制人们精神生活的欧洲人来说,他的游记带来极大的冲击力,一出版便风靡欧洲。这也奠定了欧洲人对东方的向往与崇拜。其崇拜的高潮更是随着 16 世纪传教士进入中国而缓缓到来。在传教士被中国领先于世界的成就震惊后,他们一篇篇的游记、书信狠狠地晃动了欧洲人刚刚启蒙的内心。尤其著名的,是在铜版画《避暑山庄三十六景图》及传教士马国贤为版画所作的说明一起在英国展出之后,英国的园林艺术产生了巨大的创新和变更,更为中国艺术的风靡欧洲种下了嫩芽。这也使得中国与欧洲的海外贸易变得更加密切,瓷器、漆器走得愈加远了,中国热也惹得愈加热烈了——它开始慢慢成熟等待着某个时期破土而出。

18世纪的破土而出

中国热的那股劲终于在18世纪爆发了,在那个路易十五亲政的时代。它卷起的轰轰烈烈、浩浩荡荡,以至于日本学者小林太市郎也称它为"中国——法国式"美术。的确,路易十四世为了建立君主专制中央集权的王朝,他把大贵族集中在凡尔赛宫居住,将整个法国的官僚机构集中于他的周围,以此强化法王的军事、财政和机构的决策权。即使路易十五掌权时放出了大贵族,但大家都沉迷于享乐而无心从政。特别是他宠爱的蓬帕杜夫人参与国家政务管理后她对中国元素的喜爱影响,于是就着法国经济的发展中国热也迅速发展了起来。

与此同时的中国正历经着康乾盛世的繁荣,其装饰艺术凭借着艺术家纯熟的技艺深受法国皇家贵族的推崇。这使得中国艺术随着频繁的海外贸易进入到法国时,迅速被法国上下所接受,并汲取有利于其发展的中国元素构成了洛可可艺术。

中国文化熏陶下的洛可可艺术

绘画

传统的中国绘画的构图日渐浸入到洛可可的绘画中,其体现在不严格的透视比例运用中。中国画为了追求写意的飘逸感,无视大小远近,细致地描绘主要事物,不强调的画面则一笔带过。洛可可艺术也习得意蕴之美。正如图片瓷器中描绘的枝条、花、假山一样,无视了远近产生的大小关系,精细地描绘了每一株草木,自然而又有生气。

瓷器

洛可可艺术时期极负盛名的壁画挂毯上常可以看见东方趣味的图案。到了弗朗索瓦·布歇时期,对中国人物的描绘终于有了东方面孔,也突破了汉人洋服的束缚。他更是设计了一套中国风的壁毯。主要表现了中国皇帝会见、饷宴和中国人婚礼、狩猎、捕鱼、舞会、集市和梳妆等生活场景。画中大多是百姓生活的场景,人们放松愉悦,神情自然。摊上摆的中国瓷器、油纸伞表现出当时西方对中国社会的理想与窥探。凸显了洛可可艺术细腻的娇媚雅致,将中国风格通过田园恬淡的气氛展现了出来。男男女女相互倚傍着,隐隐的有一股伤感却不失其天真烂漫。而他以描绘中国为内容的作品也在路易十五时代快速流行起来。

由此也可窥见法国洛可可艺术风格经常选用风景作为表现中国元素的题材,除了单纯描绘山水风景,更有反衬人物活动的场景。洛可可画作对中国风背景的遐想大多来自由贸易传入法国的中国器物上,由此也可窥得康乾时期器物上的风景画的发展。洛可可风画作极爱在描绘中国风风景画时融入法国建筑,多是中式亭子加西式岩石点缀,草木勾勒出一幅闲情雅致的享乐图。它们汲取中国的自由动态,加上西方自身难舍的严谨庄重,融合审美差异,绘出了欧洲人心中的东方景致。

瓷器

17 世纪特列安农瓷屋倒下并没有宣告“中国热”的消亡,反而在政治宽松的路易十五时期得到了全新的发展。随着法国上层趣味的变化,社会的风尚也随之转变,文艺生活变得风雅,这些有利的环境使“中国风”以迅雷不及掩耳之势的速度弥漫法国。上文提及中国器物对洛可可艺术发展起了主要影响作用,这一点尤其是显示在色彩运用上。随着青花瓷的流行,青色白色的运用使得瓷器淡雅而飘逸。青花的烧造在清代进入一个新的发展阶段,尤其在康熙时期成为清代陶瓷的主要品种,更是在出口方面大量出口青花瓷。法国不仅积极仿制青花瓷,更是在各种家具上大量使用青白的配色。“洛可可艺术的主色调青与黄,正是来自中国工艺美术的两大特征色。采用极细清淡色调的瓷器,成为洛可可艺术的典型材料”,由黄色的皇家色彩与欧洲人心中的中国色彩——青花瓷的青色组成了洛可可艺术中的中国风情趣。甚至法国建立的塞夫勒瓷厂都有中国青花与粉彩的身影，"以生产'塞夫尔蓝'和'蓬巴杜玫瑰色'出名，'塞夫尔蓝'的成功在于破解了青花'钴颜料'的秘密，'蓬巴杜玫瑰'则是蓬巴杜夫人的个人喜好所致。"漂亮色泽再配上金属的杯托，完美地体现了中西文化的碰撞。

服饰

若提起流行的服装、刺绣和染织，主要采用自然界的植物纹饰，非对称的纹样和以中国花鸟形象居多，有很强的绘画性。洛可可艺术的领军人物——蓬巴杜夫人的女式着装是洛可可服饰的代表，她借鉴中国瓷器的装饰图案与丝绸的质感，把瓷器中的花纹装饰发挥到极致，恰如乾隆时期粉彩的"百花不露地"般富丽奢华。同时，深受清朝女性发髻越高地位越高的影响，不论是宫廷贵族，还是平民百姓都流行高发髻。在当时越高的发髻代表越高的社会地位，洛可可风格成为人人追捧的潮流。

室内装饰和家具设计

之于设计装饰，法国人倾向于使用植物、贝壳等自然元素，更是偏爱优美婉转的线条。例如"鹤腿""三弯腿"等各种造型。它们都是我国家具造型的传统样式，线条走势舒缓而具有动感，造型典雅雍容。它们流动的线条、精致的做工不仅便于室内活动，更显皇家的华贵。特别是在清代结合了植物动物纹样的曲线之后，与法国追求的小巧细腻相适应，推动了洛可可艺术的发展。洛可可艺术去掉了稳重大方的底座而选择直接用动感的线条来支撑座椅,使得家具变得更加简洁明亮。

弊端

西方艺术史学者们研究洛可可艺术时,通常将其视为巴洛克艺术与新古典艺术之间的轻巧过渡,而对中国风格的研究避而不谈。但是中国文化在其中产生了重要的影响,甚至可以说是洛可可文化的土壤。艺术史学者雅各布森却以一整本艺术史专著来探讨中国风。他认为:中国风是一种奇异的风格,是一种欧洲风格,而其灵感却全然来自东方。真正的中国风不是对中国物品乏味且拙劣的模仿,而是西方对于东方想象的具体再现——一个充满异国情调、遥远的国度。正如上文所提及的弗朗索瓦·布歇的中国壁挂系列,企图以西方艺术之眼观看东方乐土的自然生活场景。这是在当时时代背景下对现状不满的苦苦挣扎,亦是对外来文化的向往与渴求。但这始终是西方单方面对中国文化的幻想,是一场西方对中国文化理想化的运动。

未来发展

18 世纪洛可可文化的兴起无疑是一次成功的文化输出经历,也是当今中国想要完成文化输出的模板。当今中国制造火遍全球各地,我们也可以像以前一样用器物传播我们中华民族的思想文化,就像在大理靠画民俗画为生的少数民族的老奶奶一样,用她们的画把她们民族的文化带出山村,越过泥泞走向世界。看李子柒的成功,也不妨结合当代的时代背景用互联网撒播我们自己的观点。以传统娴静淡雅的田园生活勾起世界人民的吸引,用中国文化强大的黏合力与当地文化相融合创造出另一种新的文化,实现中华文化面向世界的伟大蜕变。

参考文献:

1. 王敏.试探中国艺术对法国洛可可艺术的影响[D].山西:山西大学美术学院,201306,1－67.

2. 李秋菊.“中国——法国式”:从洛可可艺术审美看明清瓷器文化的渗透[D].湖北:华中师范大学,201205,1－61.

3. 赵阳.法国洛可可艺术中的中国视界[J].文化艺术研究,2018(2):149－164.

赏唐装华服，观四世沉浮

——从唐朝女子服饰变化探社会变迁

学生　李笑梅　季佳依　　指导教师　陈科锰

摘要：公元618年至902年，近290年间唐朝创造了太多奇迹。唐王朝的伟大影响不仅体现在政治制度的创新与民族关系的处理上，也体现在唐朝女子的衣柜之中。在社会、政治、经济等因素的综合作用之下，胡服融入了唐朝女子的服饰之中，女子的衣着也更加开放大胆，同时服饰也体现着佛教的思想。本文主要从唐朝女子服饰的特点分析唐朝社会二三事。

关键词：唐朝　女子服饰　开放　胡服　佛教

"衣食住行"，自古以来，"衣"排于首位。服装的意义不仅在于"蔽寒暑"，更有装饰身体、美化生活，显示人的身份地位、民族信仰之功能。在古代盛极一时的统一封建王朝——唐朝，女子服饰的发展在历史长河中留下了浓墨重彩的一笔。从"山花插宝髻，石竹绣罗衣"到"慢束罗裙半胸前""轻罗金缕花葱茏"，再到"回鹘衣装回鹘马，就中偏称小腰身"，我们不难看出唐朝女子服饰的变化。那么这些变化具体体现在哪些方面，又将反映出唐朝怎样的社会变迁？本文将带着这些疑问，对唐朝女子服饰进行一番探究。

一、民族交融，胡风融入

唐朝是一段社会经济繁荣、民族联系紧密与对外交流频繁的时期。处于如此的时代背景下，中原女子的服饰受到异域服饰的影响，自然也多了几分胡风。胡族原是中原对北方少数民族的称呼，而胡服则不限于指少数民族服饰，还包括生活在长安的波斯人、阿拉伯人的外国服饰。

胡风首先体现在服装的配饰上。如收藏于西安博物馆的蹀躞带胡服女立俑(图1)就穿着圆领、对襟胡服,腰束黑色蹀躞带。同样幂、帷帽、浑脱花帽等胡帽也受到了女子的喜爱。幂(图2)和帷帽(图3)都为黑纱组成,最初用于遮挡风沙,后成为贵族女性外出遮挡面容的饰品。正如《旧唐书·舆服志》中所记载“武德、贞观之时,宫人骑马者,依齐、隋旧制,多著幂䍦,虽发自戎夷,而全身障蔽,不欲途路窥之。”在武则天统治时期,女子自我意识提升,幂䍦、帷帽长度逐渐缩短,无网纱遮盖的胡帽更为流行(图4)。

图1 蹀躞带胡服女立俑

图2 燕妃墓捧幂䍦侍女

图3 彩绘骑马戴帷帽仕女俑

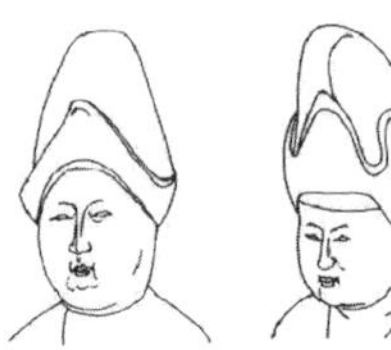

图4 各式无网纱遮盖的胡帽

胡服的融入也体现在女扮男装的风潮上。《新唐书·诸帝公主传》中载“久之,主衣紫袍玉带,折上巾,具纷砺,歌舞帝前。帝及后大笑曰:‘儿不为武官,何遽尔?’”可见,在唐朝,女子着男装并不鲜见,上层妇女着男装更是蔚然成风,统治者也欣然接受,由此自上而下掀起了女扮男装的风潮。这在唐朝画家张萱所绘的《虢国夫人游春图》(图5)中可见一斑,画中虢国夫人身着浅绿男装,戴幞头,登皮靴,骑马游春,悠然自得。与其他封建王朝相比,唐朝女子少了几分宫墙高柳的压迫束缚，多了几分马上儿女的英姿飒爽。唐朝壁画《观鸟捕蝉图》（图6）也展现了宫中女子的生活，画面中间的一位仕女着男装，脚穿尖头软鞋，腰束帛带，做捉蝉状。

图5 虢国夫人游春图

图6 观鸟捕蝉图

常言道服装是社会政治气候、经济基础的晴雨表，唐朝胡服的融入与盛行是由深厚的历史渊源所决定的。首先，李唐王室本身就具有鲜卑血统，对于胡风接受程度高。同时，唐太宗时期贯彻开明的民族政策，提出“华夷一体”，采用多元举措处理民族关系，如和亲、战争、通商等。在这些举措的施行过程中，少数民族与中原的交流逐渐加深。唐朝强盛的国力也保障了民族交流的平稳进行。此时民族交融局面空前繁荣，可谓“九天阊阖开宫殿，万国衣冠拜冕旒”。而在这般繁荣之下，女子的服饰中有胡服的融入是注定的。胡服的融入不仅从微观上丰富了唐朝女子的衣柜，而且在宏观上也有利于统一多民族国家的巩固与稳定，推动中华传统服饰文化的发展与丰富。

二、衣着开放，盛世气象

唐朝女子的衣柜里少不了的还有精美的襦裙，襦裙的设计同样也体现着唐朝女人的审美意趣与观念变化。

首先，襦裙的领口逐渐在降低，尤其是在盛唐武周之时。这是因为唐朝女子与前朝相比更敢于展现自己的肌肤与妩媚气质，开放且大胆，这成了中国传统古代服装的一抹异色。低胸装一开始主要在宫廷嫔妃和舞姬之间流行，后来逐渐被豪门贵妇所接受并遍及黎庶。唐朝女子衣着开放，喜爱露肌装，从《九宫女图》（图7）中也可窥出一二。图中八个宫女领口很低且形式不一，肩披帛纱露出胸脯大片肌肤，缓步慢行，活泼生动。周昉所作《簪花仕女图》（图8）也描绘了贵族妇女在半罩半露的透明织衫下细腻的肌肤。唐朝诗人方干诗云“粉胸半掩疑晴雪，醉眼斜回小样刀”形象地描写了舞女裸露了大片胸前肌肤，妩媚动人的情态。

图7　九宫女图

图8　簪花仕女图

女子衣着的开放趋势与女子地位的提升有紧密的联系。自武则天即位后,女子掌握政治权力、活跃在政治舞台上成为可能,男权对于女子的束缚减轻。上层女子的自由度更高,使得女子对展示自己的肌肤与衣着舒适的欲望更强烈,更加追求大胆奔放。

其次,襦裙的用色更多元,并且添加了许多艳丽明亮的颜色,撞色的使用也更为频繁,显现了盛世之貌。以唐朝仕女女俑为例,其大胆运用了金黄、大红、石绿、朱红等颜色。张萱《捣练图》(图9)中的宫女也身着浅粉草绿、绯红湖蓝等撞色。“春生翡翠帐,花点石榴裙”(李元纮《相思怨》)。“绣罗衣裳照暮春,蹙金孔雀银麒麟”(杜甫《丽人行》)。“吴刀剪彩缝舞衣,明妆丽服夺春晖”(李白《白纻辞·吴刀剪彩缝舞衣》)等诗句都极尽描写了唐朝女子衣裳之华美,色彩之艳丽。而服装色彩艳丽体现了唐朝百姓昂扬的精神状态、富有生机活力,而这只有政治统治清明、经济繁荣、百姓安居乐业的社会环境下才能成就的。倘若百姓流离失所、颠沛流离又何来心思花在华美服饰之上。

图9　捣练图

唐朝女子服装的开放彰显了唐朝的盛世风貌，浪漫大胆令人心向往之，对后世影响深远，是中华传统文化的瑰宝。

三、佛教之果

自两汉之际佛教传入中国，又经过魏晋南北朝的兴盛发展，佛教在隋唐时期已有了强大的影响力。这种影响也无一例外地体现在女子日常的服饰穿着方面。

首先是服饰中对黄、白两色的钟情。黄色在佛教中被认为是佛法的光辉，穿着黄色服饰既表现身份尊贵，又能祈福辟邪。而白色则象征圣洁，代表善果。《礼忏起止仪》中曾记载“身白如玉”，用来描述普贤菩萨的衣饰。而在传统儒家经典中，白色代表不吉利，因此白色服饰多为凶服。这是佛教逐渐与儒家文化和道家文化相融合，并在唐朝完成本土化的一大体现。

其次是服饰纹路的多元化，带有佛教色彩。唐朝女子服饰中多出现“莲花纹”“孔雀纹”“宝相花”等具有佛教特色的纹样。服饰题材也多选择狮子、大象、宝珠、金刚杵、佛教八宝等隐含佛教事迹或教义的器物或动植物。因为在佛教中，“莲花”象征佛，“象”预示着佛的降生，“金刚杵”则具有降魔护法之意等。如在敦煌莫高窟就有出土宝相花（图 10）、唐草纹图案（图 11）。

图 10　宝相花图案

图 11　唐草纹图案

再者是服装面料的变化。唐朝是我国封建社会服饰面料较为多样化的一个时期。这一时期，在锦中加金织线的技法大为流行。法门寺地宫发现的唐朝织金锦（图 12），是我国迄今为止发现的最早的织金锦实物。西域传入的佛像艺术中，金色是佛国最遵从且最常被用于佛像上的。而在唐朝，流行以佛教金色作为装饰的裙子——“金缕裙”。《金缕裙记》中“韦搜衣笥尽施僧矣，惟余一金缕裙”

便体现了唐朝女子对金缕裙的喜爱以及金缕裙的风靡一时。除此以外,具有佛教象征意义的域外服装面料也被广泛采用。

序号	名 称	所用捻金线、捻银线工艺	编 号	报告页码
1	檀香木函内残绣袱	蹙金绣	FD4：024-f2	第254页
2	土红色地刺绣夹包袱	捻银线	FD5：042-f3	第254、255页
3	宝相莲纹残绣袱	蹙金绣	FD5：024-f2	第257页
4	紫红罗地绣大宝相莲花夹袱	蹙金绣	FD5：024-f1	第257页
5	十四字出蔓草纹绣袱		FD3：002-2f1	第258页
6	素罗地石竹花飞鸟残绣片（7片）		FD3：002-2f2-f8	第259页
7	紫红罗地蹙金绣案裙	蹙金绣	FD4：022-1	第260页
8	紫红罗地蹙金绣半臂	蹙金绣	FD4：022-5	第261页
9	紫红罗地蹙金绣裙	蹙金绣	FD4：022-3	第262页
10	紫红罗地蹙金袈裟	蹙金绣	FD4：022-4	第263页
11	紫红罗地蹙金绣拜垫	蹙金绣	FD4：022-2	第263、264页
12	盝顶铁宝函上纺织品		FD4：017-2	第265页
13	金银丝结条鞋（2双，4件）		FD4：020-1、2	第265页
14	鎏金银平脱镜镜衣（2件）		FD5：104-f1和f2	第265页、彩版第248页
15	紫红罗地蹙金绣织物	蹙金绣	FD4：024-f1	第265页、彩版第248页
16	斜菱格对凤织金锦	织金锦	未编号	第266页、彩版第249页
17	鹦鹉牡丹如意云纹织金锦棺衬(5件)	织金锦	FD4：017-3f1-3f5	第267页、彩版第250页
18	纯金四门塔绢袱		FD5：011-f1	第267页、彩版第250页
19	八重宝函系带（5条）		FD5：011-3f1 FD5：011-4f1 FD5：011-5f1 FD5：011-6f1 FD5：011-7f1	第267、268页

图 12 《法门寺考古发掘报告》中发表的丝织品

唐装作为唐朝文化的一部分,折射出唐代的政治经济,也让我们从物质层面更加直观地感受唐朝人们的社会生活。唐朝女子服饰中佛教元素的盛行,背后所传达的是佛教在唐朝的盛行。这不仅与佛教自身宣扬众生平等、忍耐顺从的思想符合当时社会要求有关,更体现出唐朝文化强大的包容性。同时,隋唐结束了自东汉末年天下混乱割据的局面,完成国家统一,经济不断发展,人们更有余力去追求物质生活和精神生活的富足。在这样的历史背景下,佛教融入女子服饰成为历史的必然。具有佛教色彩的唐朝女子服饰,不仅深刻影响了中国后世的服装发展,也更加深刻影响了周边国家的服饰发展,在中华服装史上书写了璀璨夺目的篇章。

教师点评:

在查阅文字图片史料、参考相关学术论文的基础上,李笑梅、季佳依两位同学就唐朝女子服饰的胡风融入、开放大胆、佛教元素三个特点展开了较为细致的论述,并分析了造就这些特点的唐朝政治、经济、文化等历史因素,得出了唐装是唐朝社会的晴雨表的结论。正如题目“赏唐装华服，观四世沉浮”，文章行文流畅、图文并茂，让我们较为直观地领略了唐朝女子服饰的缤纷多姿及其所折射的大唐王朝兼容并蓄、海纳百川的历史风貌。

参考文献：

1. 刘文娜.唐代妇女服饰研究[D].南京师范大学，硕士学位论文，2011.

2. 王绍军.唐代妇女服饰研究[D].武汉大学，博士学位论文，2014.

3. 冯景东.从敦煌莫高窟壁画看唐朝的服饰文化[J].当代旅游，2019(5).

4. 吴江.胡服风尚影响下的盛唐宫廷女性服饰研究[D].西安工程大学，硕士学位论文，2017.

5. 郑恩姬.唐代女性服饰研究[D].苏州大学，硕士学位论文，2009.

6. 龚语婷.唐代女性服饰色彩探析[J].西部皮革，2021(16).

7. 邹婧.佛教对唐代服饰文化的影响[D].湖南工业大学，硕士学位论文，2009.

“致”与“行”,“谈”与“用”

——阳明心学与黄宗羲经世致用思想的诞生

学生　章致翔　　指导教师　陈科锰

摘要:在阳明心学打破程朱理学的桎梏之后,许多启蒙思想受其影响在明末横空出世。其中,黄宗羲的经世致用思想较为有名。究其在明末提出的原因,不仅在于阳明心学解放了儒生以及市民阶层的思想,还在于一些王门支系空谈心性,近乎于禅,无益于改变破碎的山河,哲学界需要一个新的思想作为支撑。本文将以黄宗羲为例,探讨阳明心学及其支系对明末经世致用思想诞生的作用以及经世致用思想的影响,构建“致良知”与“行良知”间的桥梁,探究“空谈”与“经世”间的联系。

关键词:阳明心学　经世致用　黄宗羲　良知　市民

一、阳明心学的铺垫

正如民国著名学者嵇文甫所言:“王阳明是道学界的马丁·路德。”①无疑,王阳明对中国的思想解放作用巨大,使许多思想家能够摆脱程朱理学的束缚去看问题。

1. 阳明心学的主要观点

阳明心学的主要观点为“致良知”“知行合一”和“为善去恶”。

“心即理”,即本心就是天理,这是宋明心学的核心观点,由心学的创立者陆

① 嵇文甫.晚明思想史论[M].北京:东方出版社,2013:13.

九渊提出。王阳明继承并发展了这一思想,他把本心叫作"良知",把本体与功夫看作一回事,认为良知并非通过后天学习得来,而是先天就有的。但良知往往被私欲所蒙蔽,需要重新发掘开拓。这个过程就是"致良知"。[①]

良知需要扩充并加以践行,王阳明由此提出"知行合一"的理论。他认为,"知"与"行"是统一的一个整体,是分不开的,不能看作两件事,"知是行之始,行是知之成"。他"修正"了程朱理学中割裂知与行的"知先行后"的观点,并将之作为心学最重要的方法论。[②]

阳明心学同样重视"知",知由本体意识产生,那么就要对本体意识进行锤炼,此即《大学》中所言的"致知在格物"。年轻时格竹闹病的经历让王阳明认为,做修养的功夫,应该是去除心中的恶念,而这样的功夫应该从内心去求得。[③] 在阳明心学中,善恶一体,"为善去恶是格物"由此而来。

2. 打开官方意识形态之外的世界

王阳明所领导起来的学术运动,是一种理学革新运动,也就是一种反程朱理学运动。[④] 阳明心学无疑为当时的读书人指明了一条新路。在当时的时代背景之下,程朱理学已经失去活力,早已沦为统治者控制读书人思想的工具,哲学界需要一套新的理论来打破这种死寂。王阳明在进行理论探索的同时,也试图通过创造一套自己的理论,完成"做圣贤"必备的"立言"工作,灭读书人之"心中贼"。[⑤] 毋庸置疑,这套以"致良知"为核心的理论初步把人们从程朱与八股中解脱出来。

知行合一可以说是一种与程朱理学"知先行后"截然不同的思想。王阳明提出的知行关系的论断,在当时读书人"死读书"的社会背景之下,相当于是特别强调了"行"。程朱理学割裂了知与行的关系,加上中国人自古以来就存在的应试教育和应试心理,导致了读书人只记诵圣贤书而不践行其中道理的社会现象。而"知行合一"学说的创立,在一定程度上改变了这种现象。这就把一部分读书

---

① 教育部.中外历史纲要(上)[M].北京:人民教育出版社,2019:85.
② 何岩云.王阳明"知行合一"思想研究[J].理论观察,2021(12)49.
③ 周月亮.王阳明传[M].天津:天津人民出版社,2022:36.
④ 嵇文甫.晚明思想史论[M].北京:东方出版社,2013:1.
⑤ 周月亮.王阳明传[M].天津:天津人民出版社,2022:41.

人从程朱理学教条主义的枷锁中解救了出来。①

这样的方法也影响了阳明学对圣人的判定。明朝皇帝由于统治的需要(明代皇室与朱熹同姓),神话了古代圣贤的地位,即圣人有且仅有孔、孟、朱三人。而王阳明却从“心”的角度出发指导修身。“圣人之所以为圣,只是其心纯乎天理而无人欲之杂”“人到纯乎天理方是圣,金到足色方是精”,②这两句话生动形象地说明,只要除去心中之“恶”,人人皆可成圣贤。这和马丁·路德的“因信称义”——人们依靠自己的虔诚信仰获得拯救进入天堂,有异曲同工之妙。这不仅增加了信仰者修身的动力,还满足了新兴市民阶层的需求。

明朝统治者以及一些儒者强调“灭人欲”以加强思想控制,王阳明则强调灭人之私欲,心中所想依循天理即可。王阳明与薛侃论除草的过程即可充分体现其此观点。该观点与文艺复兴时期要求打破教会“禁欲主张”的说法有一定的相似之处。王阳明的弟子中不仅有读书人,还有商人甚至赌徒,且当时社会“人人皆谈王学”。与文艺复兴一样,新兴市民阶层对学说的支持起了重要作用。究其原因,与阳明心学打破了官方程朱理学的禁锢,解放了读书人,甚至是市民阶层的思想有莫大的联系。

二、经世思想的形成

王阳明的思想固然有着极大的开创性意义,但它作为主观唯心主义的局限性是无法避免的。暂且不站在辩证唯物主义的制高点批判他的思想,仅就当时的时代背景来看,强调“心”之本体的作用必然使他无法跳脱“知先行后”的束缚。再加上“知行合一”本身就比“知先行后”更具迷惑性③以及王阳明传道时“玄乎”的说话方式,导致其后学对王阳明一些观点的认识产生分歧。而黄宗羲等启蒙思想家,则是结束分歧,开创新哲学时代之人。

1. 谈心近“禅”与山河破碎的反差

由于王阳明生前留下的“四句教”,导致其后学因“本体”与“功夫”的侧重不

---

① 吴光.从阳明心学到“力行”实学——论黄宗羲对王阳明、刘宗周哲学思想的批判继承与理论创新[J].中国哲学史,2007(3):108.

② 王阳明.传习录·薛侃录[M].北京:台海出版社,2020:45.

③ 何岩云.王阳明“知行合一”思想研究[J].理论观察,2021(12):51.

同分成多个派别,主张不同,分歧不断。浙中学派强调先天心体的重要性,其中以王龙溪为代表的"良知现成派"以四句教中的"四无"为核心,不重"致良知",结果导致了忽视功夫的倾向。① 他们甚至不重知识而玄谈本体,声称"一悟本体,即是功夫",开始讲求"悟",将王阳明学说引向禅学。②

晚明另一大显学,莫过于以王艮为代表的泰州学派,它与"良知现成派"的共同特点都在于"跻阳明而为禅"。王艮为了向下层民众传播儒学,提出"圣人之道,无异于百姓日用;凡有异者,皆谓之异端",③这虽然符合王学"人人皆可成圣贤"的理论,也重视"功夫",但这也和禅宗为亲近大众宣扬"顿悟"差不多了。④ 阳明心学的其他学派也因为对祖师爷王阳明的话语理解上的不同而分裂,且多数近禅。这与心学作为主观唯心主义的核心"吾心便是宇宙"不无关系。⑤ 只要他们侧重本体,只从心中找寻至圣之道,就很容易流入佛法而偏离儒家之法。

彼时,明朝内忧外患不断,外有后金内有起义,但直到明朝灭亡,南明、大顺与清对立,国家已残破至此,学派之间的风波也未停止。这样的情形与王学后继者们的"禅定式修身"形成反差,儒生们开始反对这样的空疏学风。哲学界需要有一种提倡实学的思想来破局,指导儒生们改变这样的现状,甚至指导"反清复明"了。⑥

2. 哲学界新的灯塔——经世致用

晚明提出经世致用的思想家有很多,本文以黄宗羲为例。"梨洲不是王学的革命家,也不是王学的承继人,他是王学的修正者",⑦这段来自梁启超的话基本确认了黄宗羲在哲学史上的定位。他纠正了各王门学派近乎禅,逐渐偏离孔孟大义的思想,也修正了阳明心学的致命软肋。

---

① 何岩云.王阳明"知行合一"思想研究[J].理论观察,2021(12):51.

② 渡边秀方.中国哲学史概论[M].郑州:河南人民出版社,2016:133.

③ 朱承.信念与教化[M].上海:上海人民出版社,2018:205.

④ 顾家宁.黄宗羲的泰州批判与晚明儒学转型[J].哲学研究,2022(3):58.

⑤ 何岩云.王阳明"知行合一"思想研究[J].理论观察,2021(12):51.

⑥ 吴光.从阳明心学到"力行"实学——论黄宗羲对王阳明、刘宗周哲学思想的批判继承与理论创新[J].中国哲学史,2007(3):109.

⑦ 梁启超.中国近三百年学术史[M].长春:吉林出版社,2017:44.

（1）从“致”良知到“行”良知。黄宗羲对阳明心学以及其分支进行了扬弃。首先，黄宗羲“心无本体，功夫所至，即其本体”的思想为本体与功夫之间的争辩画上了休止符。[①] 他没有否认“心”的本体作用，因此他的学说没有跳脱出心学的范畴，但他直接抛弃了“良知为本体”这一阳明心学的核心观点。[②] 这让黄宗羲在看待“知”与“行”的关系问题上，从宋明理学甚至唯心主义的桎梏中解脱出来。在此基础上，黄宗羲以自己的体悟方式解说了王阳明的“致良知”和“知行合一”的学说，以“致字即是行字”“必以力行为功夫”的哲学命题修正了王阳明的致知理论。这样一种以重视实践之“行”为特色的“力行”哲学，就是“行良知”。[③]

（2）经世致用思想的提出、接受以及影响。如果说王阳明强调的是“行”与“何为行”，那么黄宗羲强调的就是“如何行”，而“如何行”体现在“行”的目的上就是“经世致用”。经世致用，就是主张学术与事功的统一，以社会实际效用作为衡量学术的标准。在这种思想的指导下，他成为反对八股的“急先锋”，因为八股本身就是经世致用的一大障碍。

在经历阳明心学发现“心”解放思想、明朝晚期的社会动荡以及学术界空谈心性之后，读书人以及新兴市民阶层已经能够自然地接受这种仍在儒家和心学范畴之内的思想。并且，这种思想肯定了实学，间接将市民阶层的活动合理化，能够充分满足市民阶层“入世”的需要。反对八股，也是一种试图动摇地主阶级地位的举动。市民思想的解放，加之经世致用符合市民阶层的利益，让黄宗羲的思想有了主要的生存土壤。黄宗羲以“经世应务”为目的的“力行”哲学，加之他编纂的一些文献，如《明儒学案》《南明史》，可以说开清代实学尤其是史学之风，给予清代浙东学者以很大影响。这种近似于实践观点的学说，让儒学开始从唯心主义向唯物主义过渡。

三、结论

一个伟大思想的诞生与流行，必定有其时代背景、社会阶级力量等多方面的

---

① 何岩云.王阳明“知行合一”思想研究[J].理论观察，2021(12)：51.

② 吴光.从阳明心学到“力行”实学——论黄宗羲对王阳明、刘宗周哲学思想的批判继承与理论创新[J].中国哲学史，2007(3)：109.

③ 顾家宁.黄宗羲的泰州批判与晚明儒学转型[J].哲学研究，2022(3)：61.

原因。黄宗羲经世致用思想正是这样一个占天时地利人和的思想。阳明心学为它提供了一整套带有叛逆色彩的理论体系,并解放了许多儒生和市民的思想,他们需要新的进步思想武装自己。此外,王学的分裂、近禅的各门派、明朝的灭亡,都使哲学界需要一座新的实学灯塔,经世致用思想正好弥补了这个缺失。这使得经世致用有了坚实的土壤与巨大的影响力,大大推动了明末启蒙思想与实学,尤其是史学的发展。"力行"与"经世"的提出,让儒学开始向唯物主义转变,人们逐渐开始摆脱封建化儒学的束缚。

教师点评:

出于对阳明心学与黄宗羲思想的浓厚兴趣,章致翔同学查阅了大量史料和论点,完成了这篇观点明确、逻辑清晰、用词严谨的历史小论文。"致"与"行""谈"与"用"之间存在着怎样的时代联系?明末清初黄宗羲经世致用思想是在怎样的"坚实土壤"中诞生与流行的?带着这些问题,作者着重从阳明心学打破程朱理学的桎梏、阳明心学解放市民阶层的思想、空谈心性近乎禅的王门支系以及破碎山河的社会动荡几个角度分析了明末经世致用思想诞生的"天时地利人和",同时探讨了这座哲学界的实学灯塔的历史作用。

币改风波后的“意外收获”

——20世纪30年代币制改革后中国外交局势的进展及反思

学生　朱涵箐　丁柯宇　杨之苑　　指导教师　孙长芳

摘要:20世纪30年代的币制改革是对中国被卷入世界经济危机而采取的挽救措施,更是在列强牟利的夹缝中制定的生存保险。币制改革不仅缓和了国内通货紧缩,促进国内市场回温,还改善了中国的外交局势,有效减缓了侵华者对中国金融市场的控制度,为中英美联合抵制日本埋下伏笔。

关键词:币制改革　外交　经济发展

回望20世纪30年代的币制改革,其主要内容为“废两改元”以及“法币改革”。1928年,“四行二局一库”的金融体系正式形成,国民政府力图规范并振兴中国经济的核心基地也就此成立。随后,币制改革因势而起。1933年,国民政府宣布废两改元。1935年11月,国民政府在与美英日三国的交织中法币改革徐徐展开:以四大银行发行法币,收回其他流通的货币,停止使用,废除银本位制,将全部白银收归国有以充作法币准备金;法币不能兑现,但可在指定金融机关无限制买卖外汇,与英镑实行固定汇价。虽然币制改革是国统区的经济政策,但对中国的经济发展有着不可忽视的作用。

一、改币制,稳经济

币制改革促进了国内统一市场的形成,进出口贸易向良性发展。币制改革后,法币汇率和币值得以稳定。其原因是币制改革废除了银本位制,实行管理通货。法币的汇率直接与当时世界的强势货币英镑、美元挂钩,实行二元联系汇率制;中央、中国、交通三行无限制买卖外汇,抓住了汇率问题的关键;货币同银本位脱钩,从而使得投机者对货币本身的价值无从下手。

这一措施取得显著的成效,从而摆脱了世界银价波动影响、通货币值的怪圈,在币制改革后的二十个月内一直保持平稳状态,波动幅度极小。① 在1935年10月到1936年9月上海对外汇兑情况来看,1936年1—6月,对英最高率、最低率大多数都为1/2.375;对美国汇价最多为30元,最低为29.500元;对日汇价最高103.125元,最低101.250元。② 再从汇价的波动幅度来看,对英镑、美元汇价波动幅度最大的年份在1920年,波动的幅度分别为57.65%,66.79%,波动幅度最小的则在1936年,分别为2.13%,2.68%,在此之前的1935年其对英美汇价的波动幅度则高达31.33%,29.98%。③ 从两方面的数据中,我们可以很直观地看出币制改革在法币汇率和币值的稳定方面起到了重要作用。

除此之外,币制改革还有利于国内币制、金融的稳定。在币制改革前,我国金融时常受世界市场的影响,但改革之后,中国货币彻底摆脱世界银价的影响,而得以稳定。且法币于英镑、美金挂钩,而英镑、美金在世界上威信高,信用稳定。稳定法币的汇价,就可以稳定法币的价值,稳定国内的金融市场,消除金融恐慌。

二、经济战,阻侵华

1935年11月,国民政府在全国实行了法币改革,统一了全国货币,刺激了产业的发展。法币改革后外汇汇率稳定,进出口贸易向良性方向发展。④ 对此,日本唯恐中国经济在法币改革后发展壮大,损害其在华利益,极力反对并且破坏中国的币制改革。日方不仅断然拒绝了国民政府要求外国在华银行交售白银换取法币的合作,还利用其在华北地区的已有势力发行新的银行券和钞票,企图切断华北与国民政府间的金融联系,用新钞票驱逐法币,妄图建立独立的通货区域。

---

① 颜翠芳.1935年币制改革的作用和影响[J].安徽教育学院学报(哲学社会科学版),1999,17(2).

② 中国银行经济研究室档案[J].近代史研究,1987(1).

③ 阿瑟·恩·杨格.1927—1937年中国财政经济情况[M].陈泽宪,陈霞飞,等译.北京:中国社会科学出版社,1981.

④ 刘文雄.试析抗日战争时期的中日金融战.知网,2007.

根据1933年12月的数据，日本在中国金融机关的所有现银，仅占外国在华金融机关拥有现银总额的不到一成。所以法币仍不断深入华北市场，中国币制改革的成功出乎日本的预料，法币改革效果显著，为中国国民经济的恢复和发展提供了金融保障。

上海作为国民政府无可替代的财政金融基地，理所当然地成为中国、日本之间展开金融战争的最主要场所。为打击法币，日本侵占华北后建立的伪“临时政府”多次贬低法币比价。此外，日本全面封锁中国沿海，禁止军用品和一切有利于中国经济发展的生产工具内运，并通过走私倾销日货换得了大量法币。日本由此将法币收集运到上海，套购外汇后可从国际市场上买入战略物资。面对日本的蓄意套汇、法币汇率难以维持且开始下跌的状况，中方分别与英国、美国达成了平准基金合同，使上海的法币汇率大体上得到维持。虽然被日本侵略者套去大量外汇，损失不小，但法币黑市汇价的稳定，提高了法币在国际市场的信誉，也提高了中国的国际声誉与地位，全国经济也得以正常运转，有力地支援了抗日战争。

总的来看，由于抗日战争前夕中日两国国力相差悬殊，在这场金融战中，对峙的双方并不是对等关系，日本占有很大优势，中国基本上只能被动应对。中国国力尚弱，面对日本这样一个强敌，中国能坚持十四年抗战，某种程度上可以说是国民政府进行的金融战支持了中国经济，使之不至于崩溃。而在当下，国内的金融问题仍然存在问题，也需要加强国内金融体制改革，防患于未然。

三、进阵营，救国危

币制改革，促使着美国对华经济政策的改变。英国1935年6月派李滋罗斯来华担任财政顾问帮助中国制定币制改革的方案，先行介入中国的币制整理，法币已被纳入了英镑集团，而美国此时也在为中国货币的控制权努力地做着斗争。借着由中国政府秘密抛售一亿盎司白银的机会，美国同样也成为了中国币制改革的顾问指导，中国货币自然又被纳入了美元集团，中国金融落入美国掌握之中，中国沦为美英的共同附庸，但美国要的是“独裁”。为达到其目的，美国便利用其雄厚的黄金白银储备操纵世界金融，阻止法币与英镑联系。迫于压力，南京国民政府只好再度向美求援，并于1936年3月7日签订了《中美白银协定》。表面上，中国币制自身仍保持其独立地位，而不受任何国家币制变动、牵制，而事实上，自币制改革以后，中国将黄金白银收集于政府，存于国外的 4/5 在美国，在英国的极少。由此美国达到了他的目的，其对华的经济政策也顺理成章地发生了改变。当然，并不是只有美国一个从中获益，事实上，南京政府实施币制改革，美国的积极介入，对中国进行实质性的帮助，帮助中国进行币改，完成南京政府梦寐以求的币制现代化。

我们可以看到的是，币制改革促使美中经济关系日趋密切。

币制改革也促使美国对华政治策略的明显转变，主要体现在它对日本帝国主义侵华行为在币制改革前后做出的不同反应。币制改革以前，美国对日本奉行的是姑息绥靖政策。币制改革之后，美国对华经济联系加强，而日本加剧侵华大大损害了美国在华利益，并促使美日在华及远东的矛盾公开化。究其原因，是币制改革之后，法币已沦为美元的附庸，美在华势力增长，中美经济休戚相关，美国对日侵华已不能听之任之，为了维护美在华经济利益，美国必然加大对国民政府的支持，促使其反抗日本帝国主义。由此可见，是币制改革提供给美国介入中国事务的机会，也是币制改革促使美对日态度的转变。币制改革是将美拉入中国纠纷，使其支持国民政府抗日的不可缺少的环节。在对日问题上中美利益有了一致性，也反映出中美此时政治联系日趋密切。整个抗日战争期间，美国不仅破例连续几次提供信用贷款，而且数目一次比一次大，此外美国还给予中国急需的军火和战略物资。①

同时，南京政府也因此逐步加深对美国的依附性。币制改革改变了南京政府内亲美派与亲日派的力量对比。币改以后亲美派势力大增，促使国民党内亲美派与亲日派矛盾尖锐。12 月，行政院改组，蒋介石当上院长，院内接替了一大片蒋的亲信，表明在亲美派与亲日派的较量中，亲美派占据了上风，美蒋关系愈加密切。

综上所述，中美关系由平淡到紧密的过程与 1935 年的币制改革是密不可分的，南京政府通过币改而与美国建立起来的合作关系是相当重要的。如此一来，在英、美等国家的联手下，日本削弱中国经济实力和破坏中国金融的阴谋破产，中国

---

① 吴福红.南京政府币制改革在中美关系中的作用[J].青海师范大学学报(哲学社会科学版),2006(3).

同英、美等国的经济联盟因法币政策而加强，对以后争取英、美等国援华抗战，尤其是太平洋战争爆发后，世界格局日新月异，对建立国际反法西斯统一战线，都起着举足轻重的作用。可见，1935 年的币制改革对中美关系的影响是极其深远的。

教师点评：

中华民国南京国民政府时期的法币改革是牵动民国历史发展的大事，从国家统一的角度来说，它使近现代中国第一次出现了政府统一货币，对于国民政府管辖范围内的城市经济发展有着重大促进作用。同时，作为开始融入世界市场的国家，南京国民政府的货币改革也时常受到世界各国的影响，英美与日本由于具体政治和经济利益不同，对国民政府的货币改革态度殊异。作者通过自己的精细梳理，得出中国的货币改革虽处于帝国主义的夹缝中，但为后来在反法西斯战争中联合英美打下伏笔，无疑是本文的最大亮点。并且，从经济发展的角度来历史地看待货币改革，作者还心系当下的强烈意愿呼之欲出，但又点到即止，写作手法较高。

明代监察制度与中国现代监察制度对比研究

学生　唐诗源　杨语晗　　指导教师　陈永谱

摘要:明代监察制度承袭自前代,但有许多制度上的创新,自身有一套相互监督的严密逻辑,形成了相对规范的古代王朝监察体系。中国现代监察制度某种程度上借鉴了明代监察制度的一些原则,但在现代法律体系下,有着自身的明显特点,形成了特色鲜明的中国现代监察制度和基本原则。

关键词:监察制度　现代　借鉴　影响

一、明朝监察制度的承袭与变化

1. 监察制度的建立

明朝建立前夕,吴王朱元璋设立御史台为监察机构。洪武十三年(1380),胡惟庸案后,御史职专纠劾百司,辨明冤枉,提督各道,是皇帝在朝廷中的耳目,同时也要纠察政治得失,与元朝时御史职责有所相似;十三道监察御史则负责处理地方琐事,是天子在地方的爪牙。从品级上看,都御史为正二品官员,十三道监察御史仅是正七品官员,但却可弹劾都御史,对都御史起到一定的监督作用。这正符合朱元璋所希望建立的"以小制大,以下致上,大小相制,上下相维"的监察体制。

这种位卑权贵的监察制度也同样体现在明朝另一重要监察机构——六科给事中。六科给事中属于言谏系统,言谏制度可追溯到原始社会后期,在宋朝得到空前发展,即当时的门下省。给事中不同于前朝的言谏系统,与都察院的职责有所重叠,且不属于都察院监督,故可互相制约,为机构的运行提供保障,同时强化了皇权。

为使监察制度更好地发挥作用,明朝制定了一系列监察法律。法规涉及的对象不仅包括官员个人,也涉及整个部门。法规还分成多种门类,有《宪纲》、六科各科法律……从中可以看出“法”的地位越来越被重视，相对用伦理、道德、传统去辨是非，维权利，“法”更有利于社会稳定和发展，以及封建朝廷维护自己的地位。明朝法律在元朝的基础上更为细化、完备，“趋向法典化”，是中国古代法制建设的重要突破时间点，对后代监察制度、监察法的制定产生深远影响。

在众多监察制度中，考察也是一种重要的形式。俗话说，打铁还需自身硬，所以，官员自身素养的优劣也是决定政治发展方向的原因之一。若君主身边全是奸佞小人，又或全是鼠目寸光之辈，那对国家的发展与建设也是百害而无一利的。又或许是有宋朝积贫积弱的前车之鉴，为防官员自以为考进了“编制”有了铁饭碗就消极怠工，明朝的考察制度也是相当严格。京官六年一考察，外官三年一考察。四品以上官员自陈，衙门正官考察官属。若考察不合格，就会有致仕、降调、闲住、为民四种处罚。

这样的制度并非是厚京官而薄外官，而是因为地方有时没有中央的监视，有了“天高皇帝远”之意，无能之辈不易被察觉，作恶之徒也不一定会被绳之以法。因此，更为频繁的考察可以及时进行人员调动，解决地方问题，进一步加强对地方的控制。同时，高级官员考察低级官员这样的形式也能激励各级官员不断向上进步，因为低级官员被考察多，被辞退的风险也比较大，越往上爬，不仅权力更大，好处更多，而且考察减少，相当于是为自己的仕途不断地上一道道保险。如此一来，就很少有官员敢去浑水摸鱼过日子，而统治者“肃纪纲、清吏治”的目的也就更容易达到了。

2. 监察制度的实行

监察制度在具体确立之后，如何使其有效实行也是一个重要的问题，既要保证制度的公信力，使其对官员与百姓起到监督作用，也要进退有据，张弛有度，使法不外乎人情。在这二者之间寻找一个恰当的平衡点，是监察制度的关键。而监察官员作为这套制度的实行者，更是需要超高的自身素养来保证监察的有效性。

首先，监察官的年龄应在三十到五十岁左右，处于这一段年龄的官员，既褪去了二十岁年轻人横冲直撞的鲁莽，也拥有六旬老人所没有的敏锐，有自己的判断，不容易被他人所左右。其次，监察官自身要有一定的文化素养，要知法懂法守法。明朝在科举制度的加持下，监察官们多为进士出身，这也防止了一些旁门左道之人混入监察团队，在监察实行过程中造成干扰，从而使不正之风影响朝廷。

同时,监察官也要清正无私,明太祖就曾对他们提出过这样的要求:“忠臣爱君,谠言为国。盖爱君者,有过必谏,谏而不切者非忠也;为国者,遇事必言,言而不直者亦非忠也。”①在监察过程中,难免有一些无能懈怠之人会被发现,这时监察官就应直言上谏,不惧权威,而非畏畏缩缩,揣度上级或君主的心意,权衡利弊后才行动,这样的监察是无用的。而且,由于监察官员职司察吏,有一定权力,因此亲人朋友之间也需要“避嫌”。《明史》中曾记载“大臣之族不得任科道,僚属同族则以下避上”。这些规定虽对部分官员不公,但也是为了避免官官相护的局面出现,体现了一种大局观。除了官员需要严格选拔,官员职务的明确也是很有必要的。如前文所讲的都察院都御史一职,细分为五大职权:一,纠劾百司。二,考核百官。三,明辨冤枉。四,提督各道。五,奉敕内地,拊循外地,使各专其事。② 这与同为都察院下的重要官职——监察御史,在详细职权上有所不同,前者侧重于权重,后者侧重于权广。这样使职权有所交叉互相限制但并不累赘,监察机构的科学性很好地体现,有利于官员明确自己的职责,正确行使权力。

六科给事中则又是另一种分工明确的方式了。它们的职务分为基本职权和各科独有职权,有总有分,也有互相牵制的效果,同时保证了对国家财政、行政、军事、礼仪、法度的管理。除了法律上所规定的,官员也不能只待在中央的机构里监察,得亲自去地方查看,这便是所谓御史巡按制度,其中有详细规定,涉及职责、人员、时限……这对于监察效果的提升来说,大有益处。因此,在很大程度上澄清了地方吏治,促进了经济发展。

二、明朝监察制度对当代相关法律体系的影响

1. 职责(可管理公职人员)

根据《中华人民共和国监察法》(下文统简称为《监察法》)第十三条:……按照管理权限依法对公职人员进行监督……依法对公职人员进行调查,处置。第三十四条:人民法院、人民检察院、公安机关、审计机关等国家机关在工作中发现公职人员涉嫌贪污贿赂、失职渎职等职务违法……应当移送监察机关,由监察机

① 朱元璋.明太祖宝训(卷三)[M].北京:中国友谊出版公司,2023.

② [清] 张廷玉等.明史·职官志二[M].北京:中华书局,1974.

关依法处置。[①] 与明朝监察机构可管理官员,如"监察御史通过参与京察、大计,行使对百官的纠查权。"[②]有异曲同工之处。官官相制的思想从古至今,仍然发挥着它维护社会安定、利于国家稳定的作用。

2. 法典化

明朝监察法的一大特征就是法典化趋势加强。明朝制定了多部法律,如《宪纲》,以及针对各个部门的法规,更加细化。现代随着法治国家建设的推进,关于法的各个方面都在迅速发展,根据网上资料,中国现行的法律有 243 部,数目之庞大,可见法典化的程度。这也从一个方面展现了中国的先进性。

3. 协调与制约

明太祖朱元璋为充分发挥监察官员的作用,首先提高了监察机构的地位,使其地位与中书、都督相等,这体现了监察机构与其他机构的协调制约。而在这些监察机构的内部,例如都察院,其内部有司务厅、经历司、照磨所、司狱司等多个机构,每个机构中又有大量不同的官员,他们又可以在都察院内部相互合作,提高效率,同时也可以以卑临尊,大小相制地监察彼此。而《监察法》第五章中也提到:"监察机关应建立问题线索处置、调查、审理各部门相互协调、相互制约的工作机制,设立相应的工作部门履行线索管理、监督检查、督促办理、统计分析等管理协调职能。"[③]在协调与制约下运行的监察机构,能够更为客观、公正地处理事务,保证监察的有序运行。

4. 对监察人员的要求

监察人员首先需要自身德行显著。明朝要求监察官员忠言日闻、廉洁自守。在《监察法》第七章中也提到:"监察人员必须模范遵守宪法和法律,忠于职守、秉公执法,清正廉洁、保守秘密。"[④]其次,监察人员也需学识优长。明朝的台宪之官必须具有较高的文化素养,他们大多科举出身。而《监察法》中也指出:"监察人员必须具有良好的政治素质,熟悉监察业务,具备运用法律、法规、政策和调查取

① 中华人民共和国监察法.中华人民共和国监察官法[M].北京:中国法制出版社,2021.

② 张晋藩.中国古代监察法制史[M].南京:江苏人民出版社,2017.

③ 中华人民共和国监察法.中华人民共和国监察官法[M].北京:中国法制出版社,2021.

④ 中华人民共和国监察法.中华人民共和国监察官法[M].北京:中国法制出版社,2021.

证等能力，自觉接受监督。"[①]对于监察人员的高要求，古今相同，这也保证了监察系统内部的纯洁性。

三、现代监察制度的发展

1. 人民当家做主

新中国建立之后，人民翻身当家做了主人，监察机构也变成了由代表人民的人民代表大会选出，对人大负责，受人大监督。这是与明朝这样的封建皇权的最大不同。古代的监察机构，权力高的只听命于皇帝，如监察御史，虽隶属于都察院，但只对皇帝负责。除此之外的限制也不过是对其他官员的限制，如此很容易造成为自己谋利益滥用权力，不利于百姓生活，造成腐败。

2. 程序的严格性

随着法律的详细制定，监察程序也更加完善。《监察法》的第三十六条，第三十八条，第三十九条等都提到了"严格按照程序""依法履行审批程序"等字样。在仅有 22 页的《监察法》中提到多次，可见对法律程序正确实行的重视。同时，监察过程中也更强调严谨性，如对调查方式，留置时间的规定，第二十六条中还规定可聘请专业人士勘验检查。[②]

3. 禁止非法方式取证

在明朝甚至整个封建时期，由于法律并不完善，人们法律意识比较淡薄，判断是非曲直的标准多是个人主观臆断，有时夹杂神学玄学参与，导致最终结果并不公正。有时权力较大的官员鱼肉百姓，为了一点利益，使无辜之人屈打成招，造成冤案的事例也比比皆是。如戏曲《窦娥冤》就反映了这样的黑暗事实。采用非法方式取证是中国古代封建法律体系中的败笔，幸而在如今这个法治时代得以改进。《监察法》中已明确规定："严禁以威胁、引诱、欺骗及其他非法方式收集证据，严禁侮辱、打骂、虐待、体罚或者变相体罚被调查人和涉案人员。"这些规定保证了涉案人员最基本的权利，减少冤假错案的发生，保证法律的公正。

---

① 中华人民共和国监察法.中华人民共和国监察官法[M].北京：中国法制出版社，2021.

② 中华人民共和国监察法.中华人民共和国监察官法[M].北京：中国法制出版社，2021.

四、结论

明朝在我国历史上是一个繁盛的朝代。本文从监察制度入手,探究了明朝监察法律和制度的制定与实施的承袭与变化及其对当代监察制度的影响。明朝的监察制度承袭了唐宋元的经验,也为后代包括新中国的相关制度提供了宝贵的经验。专制主义的强化是明朝 270 余年统治的一大特征,其中监察制度的调整与强化是其重要表现之一。都察院、六科给事中的设立以及明朝监察思想、监察立法、监察程序的发展,都意味着明朝的监察制度在前朝基础上有所发展。但同时,明朝的监察制度仍有不足。专制皇权日益僵化影响着政治生活的方方面面,不够科学严谨的法律体系也影响着监察过程,人治的弊端,党争的掣肘,还有官员自身的腐败,都在大大小小地影响着这个王朝的发展。尽管如此,后代的监察制度仍受到很多影响。本文侧重于与新中国的对比。随着封建制度被推翻,新中国建立,社会主义制度确立,为中国发展和完善监察机构和法律法规都提供了良好的环境。

教师点评:

明代监察制度承袭前代,但多有创新,形成了较为系统且有效的监察体系,明清以后乃至民国、当代都有所借鉴。本文从历史的角度,对明代监察体制的架构、运作细节多有分析,同时,从关怀当下的角度,多加对比,并提出鲜明的借鉴之处。把历史内容与当下制度体系联系、对比、创新,有一定的新意,且文笔简练,从高中学生的水平来说,算得上是质量不错的作品。

“玉”见良渚

——以玉文化溯中华文明起源

学生 屠 画　　指导教师 孙一青

摘要:良渚文化是中华文明璀璨的文明曙光,本文将通过对良渚文化的玉器、葬墓、政治社会、文字等方面的探究,得出良渚文化是对中华文明的实证,以玉文化作为中华文明的源头是可行的结论。

关键词:玉文化　良渚文化　中华文明起源

一、文明的形成的标志

《易传·乾·文言》:“见龙在田,天下文明。”证实了“文明”一词的最早起源,其意为“光明、文采”。中华文明源远流长、博大精深,其发展是一个循序渐进的过程。目前学术界大多依赖已有的考古学材料,将祭祀中心、城市、文字等作为中华文明形成的标志。

二、良渚文化对于中华文明的实证

(一) 良渚文化的重要地位

位于环太湖地区的良渚文明无疑是中华文明源头的有力实证。浙江杭州良渚遗址在 2019 年 7 月 6 日举行的世界遗产大会上获得全票通过被收录入《世界文化遗产名录》,标志着中华文明的起源上溯到 5000 年前,成为国际社会的共识。1936 年,良渚遗址首先被发现于浙江省余杭区良渚镇,后因 1960 年夏鼐正式提出“良渚文化”的概念而定名,至 20 世纪 70 年代特别是 80 年代中期以后,浙江、江苏、上海等地先后一再发现各种良渚遗址的遗存,其在学界和世界的地位不断提高。①

（二） 玉与阶级

1. 史前玉文化的高峰

现代科技中心通过对由塘山遗址出土的魔棒和切割工具以及对反山遗址出土的石钺的科技分析,发现良渚文化的雕刻工具存在硬度较高的硅线石(莫氏硬度为 7.5)以及刚玉片麻岩(莫氏硬度为 8),其硬度接近目前刚玉工具制品,是迄今为止发现古人使用硬度最高的石料,说明良渚先民在长期对岩石的识别和加工实践中摸索使用了当时最为先进的琢玉工具。② 因此我们可以看到,无论数量还是质量,良渚的玉器都当得上史前玉文化的高峰之一。

2. 阶级初步形成

玉器高度发达和阶级初步形成是良渚文化的显著特征,二者紧密相连。在已发掘的一百多处良渚文化遗址中出土了许多极其珍贵的玉器,根据随葬玉器的器形、数量及质料方面的差异,良渚文化墓葬至少能够划分出 5 个不同的等级,这些不同组合的玉器中存在着明显的阶级性差异。其中平民墓葬出土玉器的比例很高,充分表现出良渚文化社会普遍崇尚玉器的倾向。

中国社会科学院委员王巍认为,以玉为美、以玉为贵、将玉比德并崇尚玉,是中华文明的特点之一。随着生产和手工业的发展,私有制逐渐出现,权贵阶层把自己掌握的玉石器作为等级的象征,社会便进入了以玉为贵的阶段。由精美玉器基本都出土于贵族墓葬中可以看到,一定数量玉琮、玉璧和玉钺的发现证实了社会等级划分在当时已经确立。而因为没有直接证据显示良渚社会仅凭借基本生计资源(即农产品的交换和分配)获取社会权力,并达到区域内的整合统一与文化认同,所以整个良渚时期高度统一的物质文化更多体现在玉器上。因此,良渚的社会权力很大程度上来源于对玉石资源的掌控,以及对玉器所承载的信仰

---

① 周膺.杭州史稿[M].当代中国出版社,2017.

② 顾冬红,董俊卿,李青会,干福熹.良渚文化时期玉器的特征与文明发展的关系[J].广西民族大学学报(自然科学版),2009,15(04).

体系的建设和实践。①

（三）玉与祭祀礼制

在多件玉器上出现的阳鸟祭坛图表现了良渚神权崇拜中占核心位置的祭祀祖神和太阳神的场景，其形态模拟在三层祭坛上祭祀，与代表天的玉璧形成一套完整表意系统，而玉璧本身就用于礼天，因此祭坛仪式中包含祭天的意涵不言自明。② 考古研究表明，瑶山、汇观山、寺墩等祭坛墓葬遗址既是贵族的墓地，又是礼仪祭祀中心，虽然规模不尽相同，却在形制上保持较多同一性，表明祭祀礼制在当时的社会趋于规范化和制度化。

（四）玉与原始文字的雏形

良渚文化的一些玉器和陶器上出现的文字雏形，被认为是中华早期成熟文字出现的前奏。何天行对所采集的良渚一椭圆形黑陶盘上的10个刻画符号进行分析后，找到了8个甲骨文同形字、其他为金文同形字，他指出这些文字刻于原器口缘的四周，并有锯齿形纹绘联络，故知其为文字而非绘画。同时在所考古出的黑陶里面，也有纯粹的刻画，据此对比足证为文字无疑。③ 这些类象形文字的产生时间不仅比春秋时的鸟篆等铜器铭刻早，而且在甲骨文之前就已出现，因此可知，良渚时期便已出现原始文字的雏形。

三、结语

不论是良渚文化中的玉器所反映的礼制、初具国家规模的社会形态，还是墓葬聚落所反映的等级和社会分层，抑或是原始文字的雏形，都反映了良渚文化满足了文明诞生的条件，且早于传统观念中以成熟文字的出现作为中华文明起源标志的时间，是中华文明的有力实证。故我们得出结论：以玉文化代替文字作为中华文化的源头是可行的。

教师点评：

《"玉"见良渚——以玉文化溯中华文明起源》选取玉文化来展示良渚文明

① 秦岭.良渚的故事[N].光明日报，2019-07-07.

② 王晓.良渚遗址祭坛与祭祀仪式研究[J].艺术探索，2021，35(03).

③ 何天行.杭县良渚镇之石器与黑陶[M].杭州：浙江大学出版社，2014.

的成就,通过对玉器、葬墓、政治社会、文字等方面的探究,得出良渚文化是对中华文明的实证,以玉文化作为中华文明的源头是可行的结论。学生能从学术热点中进行选题,在学术著述中讲究论据,并逻辑清晰地展开论述成文。

中医近代发展历程及其现代化探索

学生　史依蕾　任　宁　　指导教师　杨立法

摘要:本文通过追溯近代中医学坎坷发展历程,以两种医学文化碰撞为切入点,探索绵延千年的中医学如何在当代焕发新活力。

关键词:中医　西医　中医现代化　宁波

一、冲突:文化输入下的中医式微

清代晚期,为开拓传教事业,西方传教士率先将先进的西方医学传入中国。随着西医文化的不断渗透,中医的正统地位受到了严重的动摇。两种医学文化并存、碰撞,中国医药界的形势一时风起云涌。

1. 西医文化的输入

19世纪初,英国汉学家斯当东将英国牛痘接种术传入中国,挽救了无数深受天花折磨的中国人的生命,为西医进入中国奠定了基础。

清末民初,西医发展迅速,传教士在中国开办诊所和医院,业务广泛展开。据统计,1859年仅有教会医师28人,至1905年时已有166所教会医院和241所西医诊所,以及教会医师301人。① 因其先进的技术及教会医院免费施医之举,西医受到底层百姓和社会上层的普遍接纳。

2. 中医面临的危机

在西医盛行的同时,中医的形象受到了前所未有的负面化。一方面,在"科学主义"的冲击下,中医的阴阳五行等理论被视为"玄学",中草药药效被认为不

---

① 陈小卡.西方医学经粤传华史[M].广州:中山大学出版社,2018.

科学。另一方面,古时庸医误诊害人现象泛滥,使人们对中医的质疑更甚。多重因素的作用下,清末民初社会上甚至出现了"废医存药"的呼声,宁波地方当局也加入其中。1920 年,会稽道黄庆澜公开倡言取缔中医,并试图以"考试命题"难住中医,从而达到消灭中医的目的。中医逐渐从主流医学体系中退缩,甚至面临被淘汰的危险。

二、构建:深入交流后的学理革新

一系列的冲击接踵而至,中医到了千钧一发的关键时刻。废医论的阴影迟迟不褪,民间庸医与迷信的负面影响也在扩大。一时间中医药各界群情激愤,各路拍案而起,以内外两方部署迎战。

1. 知己知彼　百战不殆

即便中医被官方打压,中国医学主导由新式西医取代,中医药各界也没有形成"扶清灭洋"的短浅见识。以宁波为例,1937 年宁波国医专门学校创办,业内各著名医师倾情组织,除聘请资深中医授课外,还邀请华美医院院长丁立成教授西医内科,并设英语课。同时因日本明治维新废汉医成功,存废中医两派都有大批学生留日学习,这些学生在 20 世纪初时很大部分成为中西医学跨文化交流的中介,随着对西医研究的不断渐进,中医界逐渐承认西医有其高明之处,这促使其进行自身改革。

2. 取其精华,去其糟粕

为使自身靠近国际铁轨,中医药界提出革新医学理论,吸取西医精华,抛却原有糟粕,主张学习西医的临床实践。① 无论是从舆论、组织上对中医废止论的反驳,还是以自身角度出发,接收教辅资料改编、主求公开主义等方法,中医改进研究会的成立使一系列变革与吸收成为可能,中医药学从新的挑战里涅槃,开启现代化旅程。

三、再生:现代化进程中探其多元价值

从其医疗方面,东晋葛洪的《肘后备急方》为屠呦呦提取青蒿素提供关键的

---

① 佚名.中医学校教材编辑会议开会情形[J].广东医药月报,1929(08):31-39.

灵感;在此次席卷全球的新冠疫情中,中医也做出了卓越的贡献。

从其带来的社会效应看,中医特有的贯通一二三产业形成的“全产业链”特性,也带动了脱贫攻坚、药材集散等工作的推进。在宁波,《鄞县通志》记载“中医药材行业极盛”,药行街药铺云集,使宁波中医药文化传承创新,促进了一定的商业和经济发展。

除此之外,中医作为中华传统文化的瑰宝,在科技、环境、文化等领域都有独到的价值,此处暂按不表。

四、结论:

中西医碰撞中,中医得以保存发展,证明其强大的生命力。在中华民族悠长文化的包容下,中西医关系重塑,也代表两种医学体系背后文化的交流协作。如今,中医逐渐走向世界,在“一带一路”的舞台上,推进全方位、多角度、宽领域、高层次合作格局形成。在“和而不同”理念的引领下,中医药学涅槃重生,与西医联手,为世界人民谋求更高质量的民生福祉。

教师点评:

2023 年对医疗行业来说,是一个关键之年。医疗行业的反腐工作的展开,各地医院负责人的腐败问题的不断暴露,而中医在近些年来,在所谓的科学主义冲击之下的不断式微,虽有屠呦呦获得诺贝尔奖而一定程度上为中医作了证明,但要恢复中医学的地位依然道阻且长。两位学生从近代中医受到冲击,到交流革新,再到中医学的再生,至少说明了这两位学生对该问题进行了较深入的思考和探究,值得推荐。

从明朝海洋贸易方式
论述白银从宁波港流入对中国的影响

学生　王晨铭　顾文睿　　指导教师　孙一青

摘要:在明朝,宁波确立了唯一且专通日本贸易港口的地位。随着海洋政策的变化,宁波港完成了由单通日本向国际贸易的转变。伴随着明朝朝贡贸易体系的建立和欧洲新航路的开辟,白银由世界各地流入中国,形成一个围绕白银流入中国的贸易网,加速了白银在中国货币化的进程,刺激了沿海经济的发展。

关键词:朝贡贸易与走私贸易　白银流入　宁波港的转变

揆诸当下,21世纪新时代,在习近平总书记指导下中国扩大对外开放,重启海上丝绸之路,宁波作为沿海港口城市,外贸产业拉动宁波经济腾飞。

泅渡历史,宁波港与日本的海上贸易可以追溯到唐代。宋元时期,中国海外贸易空前繁荣,宁波港也由此确立了东方外贸大港的地位。明朝初期的海洋政策由开放转为保守。在海禁政策的影响下,明政府发展朝贡贸易,民间对日走私贸易猖獗。新航路开辟后一个围绕白银流入中国的贸易网逐渐形成,大量白银流入中国。本文就朝贡贸易和走私贸易两种海洋贸易的方式来论述白银从宁波港流入中国的影响。

一、明初宁波港专通日本的朝贡贸易

朝贡贸易的实质是有浓厚的政治外交色彩并受官方控制的政府间贸易。明初,倭寇在江南沿海一带活动猖獗,政府无力治理东南海疆,明太祖时期开始实施海禁与国家主导的朝贡贸易政策。这一时期的中日朝贡贸易,是以日方携带贸易产品前来中国“朝贡”的形式进行的。日方船队携带的贸易产品在宁波报关，部分由政府以市价收购，其余在宁波市舶司的监管下，于宁波港或北京会同馆交易。明朝廷往往将陶瓷器和丝绸作为礼品以及交换其他物资的重要手段，使得中日双方在一定程度上实现了互通有无，同时奠定了宁波港专通日本贸易大港的特殊地位。

庄国土指出，因朝贡贸易与海上贸易的高额利润形成巨大反差，官府主导的贸易开始衰弱，海上私人贸易崛起成为必然，为明中期私人贸易白银流入中国奠定基础。①

二、明中期和后期宁波港的走私贸易

《宁波海洋经济史》指出：“作为朝贡贸易的补充，中日海上贸易也一直同时存在”。② 明中期，日本贡舶会在舟山走私良港双屿港与中国私商进行交易。葡萄牙人的加入后，双屿港成为国际贸易港，官府出于对经济利益和社会稳定的考量，并未禁止。“从此以双屿港为主要中转基地的中、日、欧三角贸易圈初步形成。商品贸易品种、数量增加，质量提升。”③明朝以江南商品经济为支撑，盛产大量生丝和瓷器，在葡萄牙人主导下的中日贸易，产生较大的贸易顺差，促使日本白银通过新航路大量流入中国。

明后期，双屿港被浙江巡抚摧毁，明政府禁止宁波从事对外贸易，宁波失去从事海外贸易的合法性，被迫从国际贸易港口转向国内商贸中转港口④。由于开放港口地区商品有限，再加上江南商品经济的发展，宁波通过贸易中转的方式承载江南地区商品外销，保证了中国在中日葡海上贸易的顺差地位。

三、白银从宁波港流入对中国的影响

白银自宁波港流入中国，其重要影响首先体现在经济方面。首先，宁波港进行频繁且大宗的商品交易，政府通过收取关税，使明政府银库收入增加。结合国内外多位学者的对不同渠道流入中国白银数量的各种估计，整个明朝流入中国

① 袁灿兴.朝贡、战争与贸易[M].北京：天地出版社，2022.

② 白斌，刘玉婷，刘颖男.宁波海洋经济史[M].杭州：浙江大学出版社，2018.

③ 白斌，顾苗央.浙江海洋文明史话[M].杭州：浙江工商大学出版社，2020.

④ 白斌，顾苗央.浙江海洋文明史话[M].杭州：浙江工商大学出版社，2020.

的白银数量为3亿两以上,①这增强了明代的综合国力。其次,明初缺少用于大型贸易的主要货币。白银的大量流入,促使明代银本位确立,白银迅速渗透到明代社会生活的各个领域,推动了中国传统经济向货币经济转变,刺激了中国沿海地区的经济发展,加速了沿海地区资本主义萌芽的发展。

此外,白银流入从各方面影响了中国。政治上,明初制定的各项制度崩坏,在白银大量流入并定型为主要货币的背景下,张居正推行"一条鞭法"进行改革。思想方面,新航路开辟与西学东渐,黄宗羲、李贽等思想家主张抨击封建君主专制制度,包含一定的民主因素。这些新思想在一定程度上冲击了封建制度。社会层面,白银的大量使用冲击着原有的社会道德与秩序,官府在白银货币化浪潮中迅速腐化。社会结构也发生了重大的变迁,市镇的居民产生分化,壮大了从事商品经济的市民阶级。由于地理位置影响,获得白银数量的差距进一步拉大,东多西少,诱发土地利用方式的重大变化。② 同时,沿海地区经过海外贸易的浸润,慢慢形成新的社会格局,逐渐走向开放式格局。

教师点评:

明朝中后期白银流入中国是今年学术界研究的热点话题。《从明朝海洋贸易方式论述白银从宁波港流入对中国的影响》能从立足宁波港,以明朝海外贸易政策的变化切入,进而对白银流入中国产生的影响进行评述,论文立意较高。写作过程中,能广泛地参考资料,逻辑清晰地进行论述,还进行了学术规范方面的训练,诚难能可贵。

---

① 白斌,顾苗央.浙江海洋文明史话[M].杭州:浙江工商大学出版社,2020.

② 袁灿兴.朝贡、战争与贸易[M].北京:天地出版社,2022.

人口因素对清朝社会发展影响浅论

学生　马浥辰　　指导教师　杨立法

摘要：随着辽阔疆域的巩固和国家经济的繁荣，清朝人口规模膨胀迅速，对当时甚至往后几百年的社会发展也产生了深远影响。这如同一把双刃剑，迫使我们必须辩证地看待人口因素与社会发展的联动关系，从而以史为鉴，汲取更多智慧力量。

关键词：清朝　人口因素　社会发展

一、清朝人口变化趋势及成因

清顺治和康熙前期约40年里，因社会动乱、经济停滞，人口数量曾一度出现负增长。康熙二十年后，随着经济发展、国力增强，人口再生产迅速回升。乾隆六年，全国在册人数在我国人口统计史上首次突破1亿大关。

清朝前期人口发展呈现由慢及快的特点，分为两个阶段：一是1651至1734年，为经济复苏、人口发展较为迟缓时期；二是1734至1840年，为经济发展、人口猛增时期。史料显示，鸦片战争前，清朝人口数量从1亿、2亿，再到4亿多，成为中国人口发展的转折时期，也首次出现了严重的人口问题。

鸦片战争前清朝人口剧增的原因何在？其一，清初统治者对生产关系的重大调整和推行的管理措施，为人口增长提供了必要的政治保证；其二，康、雍、乾时期生产力大发展和高产农作物大推广，为人口增长提供了必要的物质基础；其三，清前、中期无内忧外患的稳定局势，为人口增长提供了必要的社会条件。

综上所述，受诸多因素影响，鸦片战争前清朝人口数量由原先的缓慢增长转变为迅猛增长，奠定了清朝乃至中国至今人口众多的基础。

二、辩证地看待人口变化

历史告诉我们,人口数量激增会在一定程度上制约社会发展。以清朝为例,人口增长加剧社会资源紧张,最明显的表现是物价猛涨。生产、生活资料价格上涨情况的出现是清前期经济走向繁荣的标志之一,但实际上却隐藏着引发社会资源不足的严重危机。人口发展在给社会生产带来积极作用的同时也凸显出巨大反作用。在社会生产条件既定情况下,当人口发展与社会生产在数量、质量等方面相适应时,可对社会生产发展起促进作用,反之,则会延缓甚至阻碍社会发展。

唯物辩证法尊崇凡事都要理性辩证地看待。在分析清朝人口增长负面影响的同时,也不应忽视其积极效应。

人口增长是生产力发展的结果,又反过来促进生产力发展。人口是社会生产的主体和基础,没有一定数量的人口,就不可能有适当的社会生产。正是基于人口发展,清朝才得以快速稳定下来。历朝历代统治者夺取政权后,普遍采取休养生息、鼓励人口增长的措施。清朝如果没有适度规模的人口增长,就不可能见证"康乾盛世"。

人口增长提升了清朝综合国力,以致进入近代后任何帝国主义列强都无法使中国灭亡。当科技因素尚未成为决定综合国力主要因素时,庞大的人口对于综合国力提升发挥了重要作用。中华大地的富饶丰腴令各国列强觊觎,正是先辈们抛头颅洒热血,才使得列强亡我中华的野心屡屡受挫。

人口剧增带来的社会经济压力,导致人口观念发生巨大变化:从鼓励人口生产转为担心人口生产过快。受儒家"不孝有三,无后为大"等传统观念影响,中国历代社会人口出生率极高。但社会经济总承载能力有限,多生育高增长所带来的人口压力日渐现实、严峻。近代人口学说先驱——洪亮吉在其《治平篇》《生计篇》中曾专门讨论人口增长过速之害,他的思想已被普遍接受和认同。

巨大人口所造成的生存压力促使更多农业劳动力向非农业领域转移,促进了工商业发展进步。清朝人口在百余年间突破 4 亿,而耕地面积并未大幅增加。因大量人口无法依附土地而转变为农业劳动力,他们中的一些人转而从事工商业、长途贩运业等。徽商、洞庭商发源地徽州、洞庭山,不是土地贫瘠,就是土地稀少，大量人口无以谋生，被迫向工商业领域转移，最后出现了“十三在徽，十七在天下”的局面。

三、结论

人口剧增是多种因素作用之结果，应从多维度探究其原因及规律。人口剧增是晚清社会危机发生和矛盾激化的最重要原因之一。其实，这些因素不仅影响晚清人口问题，也成为中国近代社会诸多内忧的根源。鸦片战争前的清朝，人口剧增固然导致了资源短缺等一系列严重问题，但同样也推进了社会、思想、经济解放。

了解历史才能目远，理解历史方能行久。统计显示，至 2022 年，中国人口数量为 14.12 亿。泱泱大国、巍巍华夏，我们每一个人都有责任树立大历史观，从历史中汲取走向未来的智慧。

教师点评：

人口问题历来是一个深受统治者重视的问题，也是一个很重要的社会问题。当今中国，当新生儿的出生人数呈现断崖式下降的背景下，该同学从历史上的人口问题着手，去探究影响人口规模的主要因素以及人口数量的增减对社会的正反两方面的影响，从而得出人口问题应该辩证地对待，很好地把唯物史观在实践中得到运用。这是一篇值得推荐的学生小论文。